葉至誠 著

老人社會工作

序　言 ▌ Preface

以我國老人社會政策與
福利服務為取向

　　「人口高齡化」是世界已開發國家普遍所面臨的現象，臺灣的人口也同樣面對這樣的現象，一九八四年起生育率（fertility）就低於替代水準，逐漸轉型到低出生的階段，加上醫療科學的改善進步，更使得死亡率逐漸下降，老化的人口增加的比率越來越高。一九九三年臺灣六十五歲以上的老人已達百分之七‧一，達到高齡化的標準，而在二○一六年的老年人口，占總人口的百分之十二‧七，超過六十五歲的老年人口已超過十四歲以下的幼年人口，老化指數（老年人口／幼年人口之百分比）超過百分之一百；到二○六○年，老化指數將高達百分之四○一‧五，老年人口約為幼年人口的四倍，年齡中位數是五十七‧四歲，將是全球僅次於日本第二老的國家，臺灣人口老化程度，老人比率、老化指數不斷增高。而隨著醫

療環境改善，臺灣民眾的平均壽命於二〇一六年已超過八十歲，並持續升高。人口老化所引發的老人福利、退休準備及安養照顧等議題逐漸成為社會關注的焦點，「老人福利」是最迫切需要加強的福利項目。因此，有必要妥慎規劃積極落實我國的老人社會福利政策。由於，傳統重視家庭的因素，由家人或親友自行照顧年老長者一直是我國最主要的老人照顧方式，老人社會政策將照顧老人的責任歸於家庭。隨著家庭功能衰退，使得老人福利政策及立法需顧及多數老人的需求，以發揮福利服務的效果。

本書是以老人社會工作為核心，由社會政策與福利服務兩個面向，介紹以老人為對象的社會工作，提供老人服務時需要的基礎知識。為因應高齡化社會，多年來政府參酌先進國家經驗，以經濟安全、健康維護、安養照顧、福利服務等面向為政策主軸。此外，為周全對老人的身心照顧，並就老人保護、心理及社會適應、教育及休閒亦分別推動相關措施。爰此，老人社會工作的研訂和推動，應充分考量老人的屬性和社會環境因素，綜合而言大致可以分

為幾類：

一、個人及家庭因素：如年齡、性別、家
庭、婚姻、教育、職業、經濟、居
住、生活、健康等。

二、政策與環境因素：如社會福利、醫療
保健、照護體系及資源供需、市場狀
況等。

三、支持網絡的因素：如保險身分、經濟
能力、健康狀況及社會支持等。

四、態度與信念因素：如健康態度、保健
行為、養老觀念、個人取向及偏
好等。

老人的福利議題在高齡社會到來時，是無
法以傳統的角度思考，而是需以更多元的服務
來面對這樣的挑戰。周延的老人社會政策需要
跨部門的共同努力，譬如說，政府提供安全的
交通系統，休閒服務單位維持或恢復其行動能
力，教育部門提供終身學習方案，社會服務單
位提供持續的溝通，醫療部門提供復健方案與
疾病預防措施。透過傳統社會、老人團體、志
願服務、鄰里互助、同輩互動、家庭照顧和社
會服務專業者，以共同促進老人的服務網絡的

建立和作為。

在高齡社會裡，健康與福祉被聯合國認定為老人的兩大迫切與普及的社會議題，借鑑福利先進國家的實況，我國在迎向老人社會的來臨，老人福利的首要任務是建立老人服務體系，並加以落實，讓人民免於因年齡關係，遭受語言、工作、學習、婚姻、家庭、醫療的不當對待；其次是為老人打造友善的環境空間，以利高齡者的生活及互動；三是增加經費投入老年議題的系統性研究，尤其是健康保健、生活保障、生命價值、生涯安頓等等的工作，以預防代替治療的方式。政策跟隨社會潮流改變，近年來多朝向在地老化與社區、居家的政策發展；而實際社會發展也仰賴政策的擬定與落實。因此「生活照顧」的政策落實，對於實際社會的影響，除了更貼近人民的真正需求之外，為老人、家庭、社會創造優質的安老環境。

為此，「老人社會工作」實為建置老人福利服務重要的基礎工程，亦為推動周延完整的老人社會工作所不可或缺，為能有助於高齡社

會的建構，本書嘗試以經濟保障、醫療保健、安養照護、福利服務等面向為主軸，析論我國所建置的老人福利政策與法規，共計十二單元，以冀能有助於專業服務工作的落實，以期讓高齡者獲得尊嚴、合宜且妥適的生活與照護。感謝秀威數位出版公司的玉成，方能付梓呈現。知識分子常以「金石之業」、「擲地有聲」，以形容對論著的期許，本書距離該目標不知凡幾。唯因忝列杏壇，雖自忖所學有限，腹笥甚儉，然常以先進師長之著作等身，為效尤的典範，乃不辭揣陋，敝帚呈現，尚祈教育先進及諸讀者不吝賜正。

葉至誠　謹序

民國一〇七年八月二十八日

簡 介 | Introduction

　　高齡社會的快速變遷，將引發新的需求與問題，這已成為政府及民間關注的焦點，因而須及早規劃因應對策與措施，並針對相關法規的加以研訂，俾使政策、立法、服務合一，以能有效落實老人福祉。在老人社會工作裡，如何讓老人維持尊嚴和自主的生活是一項挑戰，也是整個社會包括老人本身、家庭、民間和政府共同的責任。

　　為因應高齡趨勢，本書以經濟保障、醫療保健、安養照護、福利服務等面向為主軸，析論我國所建置的老人福利政策與法規，共計十二單元，以冀能有助於專業服務工作的落實，以期讓高齡者獲得尊嚴、合宜且妥適的生活與照顧，迎接「老者安之」的高齡社會。

目 錄 ▌ Contents

概論篇

第二篇　經濟保障

第三篇　醫療保健

安養照護

第五篇　# 福利服務

第一篇

概論篇

第一章
基本概述

壹、前言

社會工作係針對社會現況循著「社會問題→社會政策→社會立法→社會行政→社會工作」的歷程，以期能解決社會問題，提昇社會品質。社會工作係以助人專業，著眼於關懷社會弱勢群體，以人道、利他主義，根據立國精神及公共政策，以社會計畫結合社會資源方式加以執行。

社會工作的關注點是普世性的，但其優先次序是取決於文化、歷史及社會經濟情況而有所差異。由於每個社會結構不同，社會變動快速，社會工作的內涵並非一成不變，其具體表現就是透過社會服務，達成民眾生活品質的提升。老人社會工作著眼於老人社會工作機構和老年社會工作者運用社會工作的理論和方法，為老年人提供社會保障和社會服務，解決老年人的社會問題，使老年人能夠繼續參與社會生活，幸福安度晚年的社會活動。

貳、老人社會工作的基本概念

　　依據聯合國的界定，一個區域當六十歲人數佔總人口的百分之十，或六十五歲人口佔全體總數的百分之七，即達到「老人國」的標準；台灣於民國八十三年已達到高齡化社會（aging society）的標準了。隨著人口結構的高齡化，老人社會工作日益受到重視，在專業領域中將「老人社會工作」界定為：「是運用社會工作個案、團體、社區等服務方法，去了解老人疾病或常見的老人情緒問題與老人生理或心理健康有關之社會政策或的一種工作過程。」（李增祿，2007）該項專業工作的目的是在調適老年人的生活環境，結合民間資源，協助老人運用社會資源，以幫助老人適應不良社會環境，像是疾病、經濟、家庭關係等問題，幫助老人增強個人能力，預防生理或心理上的迅速退化，例如：老人體能運動協助、營養指導、心理調適輔導等，能促使老人身心健康，使得老年人能過正常的生活。

　　英國於一九○八年通過《養老金法》保障老年人的基本生活需要，美國在一九三五年由羅斯福總統主持制定了美國歷史上有名的《社會安全法案》。社會保障成為老人社會工作的重要內容，在公共分類救助方案中，明確把老年人、貧困人以及失去依靠的兒童作為其救助對象。自此之後，老年人一直成為西方各國社會工作主要關注的對象之一。歐洲各國在建立福利國家的過程中，也紛紛把提高老年人生活質量

和完善老年人服務網絡作為其工作重要目標。

　　老人社會工作以老年人為特定對象，老年人無論從生理、心理、社會等各個方面來說都具有明顯的特點。老人社會工作的基礎學科有醫學、社會學、心理學、法學、行為科學等，這些學科都有專門的系統理論和科學的知識。老年社會工作正式依據這些理論與知識，對需要解決的老年社會問題進行認真的研究、科學的分析，制定出具體的工作方法與措施，才能妥善解決問題。與其他工作相比，老人社會工作具有綜合性、服務性、科學性、專業性等特點。

表1－1：老人社會工作的特徵

項目	內涵
綜合性	老人社會工作是綜合多種科學的理論和知識、多種工作方法和技能發展起來的。
服務性	老人社會工作還有其專業理論與工作理論，是經過長期的工作實踐證明行之有效的，因而同樣具有科學性。
科學性	老人社會工作在本質上是服務性的，其基本任務或職能是對有困難有需要的老年人提供有效的服務，幫他們走出困境，使他們能夠保持獨立與尊嚴，幸福地安度晚年。
專業性	老人社會工作是綜合多門學科的理論與知識發展起來的。同時，在工作發展過程中不斷地吸收其他專業的理論與知識，形成有別於其他專業的特點，具有自己的專門理論、工作方法與技巧。

（資料來源：作者整理）

　　人口高齡化，是指某地區某段時間內總人口中高齡人口比例增長的動態過程，目前多見於已開發國家。隨著發展趨勢人口老齡化將是二十一世紀全球人口趨勢的突出表現之一，而備受關注。面對著高齡化的社會，政府早在三十年前已將老人問題列入政策議程之一環，並提出因應老人問題的政策。一九八〇年制訂《老人福利法》，就是第一個政策架構，該法於一九九七年修正後公佈，條文著重在老人年齡及福利措施之界定，老人津貼、年金、住宅、保護等需求之規劃以及專責人力等，對於老人的各種服務與保護更具完整性與前瞻性。二〇〇三年進一步提出「老人福利白皮書」揭櫫我國老人福利的整體政策方向，對於老人的教育、休閒、社會參與等，期能符合老人需求、整體且普及的規劃。該現象的影響有：

一、對個人的影響

表1-2：人口高齡化對個人的影響

項目	內涵
缺乏支持系統	傳統社會以擴大家庭為主體，老人有配偶及子孫的照顧，現代社會以核心家庭占大多數，子女成家立業之後多數會另覓新居，剩下老夫妻倆人，配偶過世後成為獨居老人，缺乏照顧及支持。
收入明顯減少	高齡人口大量增加，政府不勝負荷，造成社會福利及健保給付減少。老人的醫療，照護費及其他支出增多，排擠老人福利，造成老人支出增加，活愈久經濟生活愈窮困。

項目	內涵
醫療資源不足	高齡者年齡愈長醫療資源的需求愈高，同時老人人數增加，病患越多，形成醫療資源不足的情況。倘若經濟蕭條，老人福利緊縮，依靠老人津貼維生的人口，生活就會更困難。
機構照顧缺乏	老人因身體衰退或獨立生活能力喪失，須賴安養機構或療養機構，但因機構不足，必須等候一段很長的時間，隨著高齡社會所呈現的「預期壽命延長，健康並未增進」的實況，將來安養照護機構缺乏的情況必定會更嚴重。
老人遭受歧視	在傳統社會老人代表智者，他們存活的時間久，經驗及閱歷豐富，可以傳承給下一代，所以過往對老人敬重。到了現代社會變遷快速，致老人卻成為「無角色者」，老人被視為沒有價值，退休後收入減少，加上身體逐年衰弱，易引起社會歧視，導致衰退更急遽，影響在社會的地位和尊嚴。
孤獨渡過餘年	隨著老人的預期壽命提高，倘若配偶凋零，子女無法就近照顧，老人成為獨居，或者是單身人口到老年成為獨居老人，成為單身獨居老人，晚景的孤獨無依可知。

（資料來源：作者整理）

　　人口老化的現象，正襲捲全球，但隨著生活水準的提昇和醫療技術的進步，無論是已開發國家或開發中國家均面臨一個以高齡人口為主要結構的高齡社會的來臨。高齡化帶動勞動人口減少，造成企業有可能遷去勞動力較高的國家，不僅影響個人就業機會，同時也衝擊著家庭及社會經濟發展。

二、對家庭的影響

表1－3：人口高齡化對家庭的影響

項目	內涵
加重家庭負擔	當老人體能及心智退化，獨立生活能力喪失，必須依賴家人或專人照顧，倘若罹患長期疾病，就會對家庭形成相當的負擔。而家庭照顧者長期操勞，可能損害健康甚而罹病。
妨礙家庭生活	照顧者專心服侍老人，缺乏時間處理家事，照顧其他家人。照顧者及家屬壓力極大，造成情緒高漲。
依賴人口增加	獨立生活能力喪失，就成為依賴人口，高齡人口增加很多，社會必須增加人力、物力保護並照顧老人。

（資料來源：作者整理）

是以，需設置老人日間照顧機構及安養機構，及增設服務項目，例如膳食服務、辦事服務、送醫服務、協尋走失老人服務等。同時，設置老人教育班級、圖書室，以及休閒娛樂及運動等設備，以便利健康老人學習、交誼及運動。

三、對社會的影響

快速高齡化社會已實質衝擊到臺灣的老人福利政策，政府不但仍應扮演老人福利政策主導的角色，並結合民間資源，以更多元化老人福利政策，來滿足不同社經地位老人的實質需求，並以更周延地規劃基礎性和發展性老人社會工作。

表1－4：人口高齡化對社會的影響

項目	內涵
勞動力的缺乏	當前老年人口激增，而生育率卻大幅下降，將形成人口負成長，若沒有延長老年工作期間的作為，將來勞動力會越來越缺乏。
衝擊經濟發展	「生之者寡，食之者眾」造成經濟發展的壓力，由於缺乏勞動力，當然會引起經濟衰退。
加重撫養負擔	目前約六名工作人員負擔一名老人的退休金，已感到負擔沉重。至民國一百二十五年三名工作人員負擔一名老人的退休金，屆時必將加重國民的稅負。

（資料來源：作者整理）

參、老人社會政策的基本概念

　　隨著老年人口的增長，老人社會工作所推動的福利政策與措施不僅需要對這群人口需求予以回應，也必須發展出新的回應方式。界定政策執行的標的（target），也就是政策執行的對象，常以標的之群體（target population）概括之，而標的群體有兩種概念，一是需要（need），例如第三者能夠客觀的了解或調查老年人是否「需要」健康；二是需求（demand），有些老年人客觀上雖然「需要」健康，但並未進一步「需求」政府執行老年健康政策，客觀需要者，不一定有主觀的需求。一九八〇年訂頒的《老人福利法》，國家對於政府責任的界定顯然係依據選擇主義（selectivism），照

顧老人被視為是家庭的責任，政府只有在老人面臨經濟貧困或家庭照護資源缺乏的情況下，才經由資產調查以社會救助系統提供照護資源；參酌學者哈伯特（Anita S. Harbert）和金斯格（Leon H. Ginsberg）對這項專業所提出的政策及服務方案，宜包括：

第一、認識並了解老人的需求。

第二、認清有哪些途徑或資源可以幫助長者。

第三、與長輩建立良好關係，周延的溝通意見。

二〇〇二年聯合國提出全球性高齡化行動國際策略（The International Strategy for Action on Aging）呼籲，不論任何地區的國家，都應以老年政策做為行動政策的優先考量，並應針對全球人口老化過程加以整合，期望由更廣泛生命過程的發展觀點及更寬廣社會觀的視野來看待老年人的問題。聯合國建議四項行動優先方向：

一、發展高齡化世界（development for an ageing world），

二、增進老年健康與幸福感（advancing health and well-being into old age），

三、確保並促成支持性環境（ensuring enabling and supportive environments），

四、關懷及支持老人照顧者（Care and Support for Care-Givers）；

以作為達到成功適應老年世界政策的指引。

　　日本是世界平均壽命最長的國家，為因應高齡社會的來臨，早在一九八六年就提出「長壽社會對策大綱」，一九九五年更訂頒《高齡社會對策基本法》，一九九六年提出「高齡社會對策大綱」。在高齡社會對策大綱中，提出高齡社會的三大對策（solution）為：「有關僱用或就業的問題」，「老人福祉問題與增進老人生活品質」以及「生命意義的問題」。

一、政策的涵意

　　所謂「政策」（Policy），是政府、機構、組織或個人為實現目標而訂立的計畫。學者伊斯頓（D. Easton）的界定為：「政府對社會上的價值所做的權威性分配（authoritative allocation of values）。」其中的權威性分配包含一連串經過規劃和有組織的行動或活動。政策的目的是在政治、管理、財經及行政架構上發揮作用以達到各種目標。英國學者希爾（M. Hill）對社會政策的意涵為：

　　第一，增進個人及社會的必要福利。

　　第二，對生活困境者給予濟助作為。

　　第三，對社會資源進行合理的分配。

　　第四，對弱勢族群提供更多的機會。

　　第五，對社群共同利益的促進作為。

二、政策的目的

　　因應快速高齡化的社會發展型態，已使得老人福利政策必須從基礎性和發展性兩種策略進行周全的規劃，才能有效順應高齡化社會和少子化的社會型態。為有效維護老人的基本生活保障，在老人基本生存權確保的型態下，才能從更積極性的角度來規劃，為發展性的老人福利政策。在建制老人福利制度，必須思考到制度的適切性、公平性、周密性以及基本生活需求和所得再分配之功能，不僅可以確保高齡者的基本生存權，並足以消弭人口老化所衍生的社會問題。高齡化社會（aging society）的福利政策須思索的包括：醫療復健、生活照顧、居家服務、長期照護、經濟安全、休閒社交、保護安置、年金保障及心理適應…等議題，皆屬老人福利政策及立法所關切。

　　社會政策是國家實行社會行政管理、推動社會福利和社會服務的基本手段，是社會工作行政的活動依據。任何一個國家都有它社會發展的總目標和總計畫。即社會發展的總目標和總計畫需要通過社會政策加以具體化，使之具有可操作性。因此，社會政策所規定的任務、要求、目標直接影響著某一群體和某一具體行業的興衰與發展。社會政策是經由國家立法和政府行政干預，解決社會問題，促進社會安全，改善社會環境，增進社會福利的一系列政策、行動準則和規定的總稱。社會政策的訂定是為解決社會問題，並增進社會福

祉；因此社會政策會根據立國精神，隨著時空的變動，及社會資源的多寡而有所更迭。

　　老人社會政策是一種對應社會問題，也是一種公共議題。老人社會工作的規劃及訂定須考量，一個老人從「完全健康、獨立」到「完全依賴他人照顧」，必須有一個完整的、連續性照顧的概念，使服務完整化而非零碎化、切割化，這個「連續性照顧體系」可分為四大類：

一、居家服務

　　為順應臺灣社會高齡化和少子化的現象，老人社會工作的規劃要滿足不同社經地位和健康狀況及生涯規劃的需求，對於那些高社經地位的老人，老人經濟規劃可以走向投資或營利性，使老人服務成為一種社會產業，就像在美國佛羅里達州以其地理和氣候因素成為美國高社經地位老人退休聖地。臺灣在最近幾年來，已有企業投資高水準的老人安養、照護和醫療機構，這種多元化老人福利體制的建立，對於滿足不同老人的需求，有實質上的價值。

二、協助生活

　　由於平均壽命的增加，相應於六十五歲退休者，仍是身體健康，具備工作成熟的成員，退出工作場所，無疑是一種人力資源的浪費，甚至是一種高齡勞動的歧視現象。是以，部分工業先進國家開始規劃制定反年齡歧視法，不以年齡作

為退休的必要和唯一條件。雖然人力資源的新陳代謝有其重要性。但是，面臨高齡化社會的快速成長，以及依賴人口的持續擴充，應及時重新檢視年齡歧視的政策作為，以避免人力資源的浪費。尤其對那些有工作能力的老人持續工作和再就業輔導方案有效設計，應該可以減輕因高齡人口的增加而對於家庭、社會和國家所產生的壓力。

隨著醫藥科技的進步，人類的壽命提高了，老人自六十五歲到人生盡頭，往往還有長達二十餘年的光景，若不能善於規劃運用，對個人及整個國家社會而言是莫大的損失。有些人視退休後的老人為「撤退人口（disengagement population）」，並認為他們的工作是多餘的。但是愈來愈多的觀念認為，老年人仍然需要工作，主要理由包括：經濟需求、自我實現、寂寞排遣、人際接觸、心理補償、老化延緩、自尊維護、精神寄託等。所以社會應把老人也當作一份社會的資源，應積極地將老人組織起來，使此一資源得以投向生產。例如：有文教專長的老人可輔導其進入從事社會工作或文宣策劃；住在社區中的老人可以擔任志工；另外也可以為老人舉辦職業訓練或成立老人人才中心，讓老人能尋求機會以充份發展潛能，過著具有生命尊嚴及彩霞滿天的晚年生活。

三、社區服務

老人需要的是各式各樣的服務設施，而目前社會所提供

的服務仍相當不足。例如：實際提供食衣住行服務和老人問題諮詢的機構就相當地缺乏。為此，政府應鼓勵民間以企業化的經營方式提供各式各樣的服務，提供老人購買，使服務的類型更多元化。面對日益老化的社會，我們不能只仰賴傳統的孝道來保障老人的權益。在政府積極建構老人福利制度的基礎上，加強社區自身照護體系，使老人獲得親屬、鄰居與朋友的守望相助而在家安養，藉由家庭結構和社區互助的功能，解決許多老人安養問題。例如：開辦老人社區照顧、營養午餐、老人住宅及保護網絡等服務，發揮社區照護功能，實屬必要的做法。

四、機構服務

根據WHO推估，人類因老邁或失能而依賴長期照護的潛在需求期程約在七至九年之間，而台灣民眾的長照需求平均約為七‧三年，其照護人力需求更達二十五萬人以上，可見長期照護服務的需求與產業規模已相當可觀；而長照體系的建立宜朝向：

1. 整合原分散於各機構的老人福利資源；
2. 重症醫療與長期照護機制的銜接和服務體系的建置；
3. 除現階段福利措施外，「使用者付費」的原則應予建立，以達成永續經營的長照服務網絡；
4. 長期照護相關人力資源於質於量的充實。

老人的安養並不限於身體的照護，老人心理的發展與尊

嚴的維護更不容忽視，因此老年人力的運用也有助於老人對
自我價值的肯定。老人福利工作宜由政府部門結合民間力
量。唯有各部門之間相互協調整合，才能發揮整體性的最大
效果。

　　先進福利國家的老年社會福利服務體系是由多種性質、
多種類型和多種層次的服務網絡組成，以滿足民眾的需求。
主要依靠老年人的社會保障體系和老年人的社會服務體系。
社會保險制度是解決老年人經濟保障的方式，如退休金、醫
療保險等；而社會服務體系是提供老年人服務保障的方法，
如老年人的衛生保健服務、生活照顧服務和文化教育服務
等。台灣老年政策規劃的方式，受社會結構功能論的影響較
明顯，是一種經濟理性（economic rationality）的政策模式，
重視投入與產出之間的效果；同時為因襲文化傳承，採取了
倫理抉擇的模式，倫理的重視是一種目標理性（end rationality）
的表現，是我們社會在面對老人社會時典型的價值取向。

肆、老人社會政策的國際借鑑

　　人口高齡化是一個全球的趨勢。二〇一六年時台灣老年
與十五歲以下人口同為三〇二萬人，自此以後，老年人將逐
年增加數目多於年輕人。高齡社會的來臨，可以說是現代國
家的成就，代表著生活福祉與醫療科技的進步；但相對而
言，高齡社會也帶來了許多挑戰，這些挑戰，簡單而言，就

是高齡人口社會福利需求的增加，包括經濟安全需求、健康醫療需求、休閒與教育需求、居住安養需求，以及心理及社會適應需求等。因此，社會政策如何回應這些需求就成了一個很重要的議題。借鑑先進社會的經驗有：

一、日本經驗

日本是亞洲地區最典型的老齡化國家，目前，超過百分之四十的全國醫療支出運用在老人人口。由於它是先進國家，又受敬老和重視老人的儒家文化薰陶；是以，在二十世紀為迎接高齡化社會訂定多項社會政策與立法：

一九六三年制定了《老人福利法》。

一九七○年定為「調適老齡化社會年」，並召開討論老齡問題的國民會議。

一九七三年政府組成「老人對策計畫小組」。

一九八三年制定的《老人保健法》。

一九八六年頒布《長壽社會對策大綱》。

一九八八年公布《實現老齡福利社會措施的原則與目標》。

一九八九年制定《促進老人健康與福利服務十年戰略規劃》。

一九九五年定立《高齡社會基本對策法》。把老齡工作納入社會經濟發展規劃，納入法規。

為建立「每一位國民都能衷心感到長壽是件好事」的社

表1－5：人口高齡化具體的措施

項目	內涵
就業收入	確保高齡者的就業機會、支持高齡者藉由自助方式，以確保收入。具體措施包括整建職業經驗利用中心，並透過高齡人才中心提供臨時或短期的就業機會。
健康福利	整體推動高齡者健康事業、充實醫療業和保險業以及福利服務、支持看護工作等。具體措施包括整建健康中心和辦理老人療養院，並促進福利用品的普及。並推出銀髮族健康俱樂部學費減額優惠措施，積極鼓勵老人運動保健。
學習參與	建設終身學習的社會、支援高齡者參與社會並參加志願者活動等。具體措施包括整建地方政府的終身學習中心以及志願者中心，推動大學推廣教育等。許多老人也是各種宗教、文化、社會事業的義工及志工。
生活環境	確保舒適的居住條件，在社區建設中也考慮到高齡者的生理及心理的需要，包括各種無障礙措施。具體措施包括了向家有高齡者的家庭提供更多貸款，協助他們購買房子。另外，政府提供補助，鼓勵交通企業購買無台階巴士以及超低踏板有軌電車。
調查研究	針對高齡者特有的疾病、福利用具研究開發。

（資料來源：作者整理）

會目標，並指明了在就業與收入、健康與福利、學習與參與社會、生活環境、調查研究等五個領域，應該有具體的措施和方針。

　　日本的高齡政策，首要在從政府到民間都認識到妥適照

護老人的機構相當重要，並同意年長者的生活要過得尊嚴、
健康、幸福。日本人也把每年九月十五日訂為敬老日，全國
放假以便子孫與父祖團聚。以廣泛促使國民對老人福利深切
關心與認識，並努力推行各種讓老人提高生活意願的行事。
敬老日有三作用：

　　第一、是國民向老人慰問祝壽、讚頌前輩功績和提高老
人福利；

　　第二、是促使老人自覺，感受欣喜與溫馨，繼續融入社
會並有所貢獻；

　　第三、是讓年輕人意識到自己也會邁入老年，預先規劃
和準備日後生活，建立美麗的遠景。

二、芬蘭經驗

　　芬蘭是歐洲福利社會的典範國度，福利服務的推動成為
先進社會所推崇，其中關於老人社會照護措施具體明確。

（一）經濟保障

　　為落實「終生福利」的制度，國民平均要繳百分之四十
五的稅額。在養老保險方面，一九三七年頒布了《國家養老
金法》，一九六一年頒布了《職工養老金法》，一九七〇年
發布了《個體從業人員養老金法》、《農場主養老金法》，
二〇〇五年又對職工養老金方案進行了改革。芬蘭職工養老
金和失業金的收取有一部分是強制性的，該理念的依據，每

一個有勞動能力的人都應該參加工作，賺取養老金，以保證退休以後的生活水準。芬蘭養老金的繳納標準是平均工資的百分之二十二左右，其中百分之四‧五由個人支付，其餘大部分由雇主繳納。養老金的發放是一個統一的標準，發放標準是職工平均工資的百分之六十。另外，國家財政建立了國家養老金，主要是補助那些低收入家庭，退休老人月領一千歐元。芬蘭養老金的投資運作是多樣化的，可以交由保險公司，也可以由企業自己設立養老基金，當企業的就業人數超過一千人，就可以自行成立養老基金，也可以幾個企業主聯合成立基金。目前提供老人經濟安全保障的制度，有社會救助、社會保險、社會津貼、退休保險給付等方式。

（二）健康增進

老人福利政策是以維持個人最大限度，獨立自主生活到老為核心目標。配套措施就是把經費優先運用在投資促進老人獨立自主的基礎建設，而且確實執行品質。芬蘭的社區健康中心，同時有居家照護護士到老人家裡訪視。老人福利政策是以維持個人最大限度獨立自主生活到老為核心目標。配套措施就是把經費優先來投資在促進老人獨立自主的基礎建設，而且確保執行品質。因此，對慢性病老人，不等人來醫院，就定時主動列名單到府訪視做基本健康監測。芬蘭老人照護，主要是讓還健康的老人及早預防失智失能。把大量經費投資在預防，發展出一套嘉惠所有民眾的公共運動俱樂

部制度，落實健康促進政策。芬蘭將經費運用在老人健康維護上，幫助老人做適當的運動，使老人更健康，花在醫療上的經費自然減少，該國所標榜「持續運動迄臨終前兩週才躺在床上」的措施，被譽為世界極為優質的高齡福利政策。

（三）學習延伸

芬蘭倡導老人學習活動，已經超過四十年了。而老人靈性關懷的專業人才培訓，是老人照顧領域很重視的議題，並強調老人學習和自我充實，其老人教材也非常多元嚴謹。這種學習風氣的重視，和芬蘭的國情發展有關。芬蘭地處北歐，三分之一國土位在北極圈內。雖然氣候嚴寒，卻沒有讓芬蘭畏縮怯弱。在國際競爭行列中，芬蘭人力爭上游，讓「芬蘭模式」成為全球社會發展典範。究竟是什麼力量，讓一個遙遠的國度，變成為全球競爭力的佼佼者？芬蘭學者依卡.泰帕爾（Ilkka Taipale）強調是「社會創新—是一種永遠保持開放的態度，學習新的事務。」這種精神也貫穿在老人的學習作為上。

（四）生活擴展

鼓勵老人參與社會，並且落實各項老人教育與休閒育樂的福利服務，以充實老人的精神生活。讓老人能有較多機會參與到社會之中，避免老人受到社會排除，並且使老人能持續在社會中，保有積極性的角色。鼓勵老人擔任志願服務人

員參與社會，貢獻其寶貴的經驗與智慧、傳承具有文化價值
的技藝，並有效運用老人的人力資源。芬蘭正全面為老人建
造這樣的機會，要讓更多老人覺得，老年歲月，可以比想像
的更有意義。例如芬蘭退伍軍人，也許不再強壯如昔，但找
尋自己還可做的事，組成社區志願服務，老人不只服務老朋
友，也服務社區居民。

三、法國經驗

　　法國受到人口結構的影響，面臨人口老化現象較諸歐洲
其他國家為早，因此提出「完全養老模式」；其特點為：

1. 增加用於老年人的支出，以充實老人照護作為。
2. 鼓勵開發利用老年人人力資源。
3. 鼓勵生育，減緩人口老齡化進程。
4. 設法吸收外國年輕工人入境，彌補國內勞動力的
   不足。
5. 建立和完善年社會保障制度，建立為老年人提供方便
   的福利設施。

　　此外，在法國一位看護的養成需要一年到一年半，優質
的看護人力可以執行基礎的護理照護，大量減輕護士的工作
量。法國法律規定所有老人中心都必須醫療化，一方面避免
老人在醫院長期占床的問題，一方面也避免親屬必須在醫院
和老人院之間來往奔波，此外醫療化讓進行臨終照護的老人
可以在一個自己較為熟悉的環境走人生最後一個階段。健保

不只給付醫療也給付照護,因為照護和醫療本來就是不可切割的,所以在法國住院除了兒童病患之外沒有家屬留院或是請看護這一回事,看護本身就是屬於醫療機構的專業團隊。

對於低收入的老年人,國家還給與福利費補貼,將一些老人福利設施設在社區,使老年人不脫離社會。老人照護政策強調社區經驗,社區的英文是community,字首co的意思就是共同、靠近、相近,是人人都需要的。照顧的英文字也是c開頭的,也有靠近的意思。社區是人們生活的地方,大家在此享受,也在此運動、休閒、交友,分享人與人之間的愛。早在有各種社區工作方法之前,人們已經參與社區、服務社區,也從社區獲得所需要的資源。社區是人們安身立命的地方,是最人性的地方,是居民共同的「根」。社區照顧就是「與生活結合」,又是「扎根在自己土地上」的服務。是很人性的,是屬於家庭的,是期盼人們共同投入的,是專業人員各自貢獻所長,而需要者可獲得所需要幫助的現代化服務。

四、瑞典經驗

瑞典是北歐福利模式的代表者,瑞典穩定的政治是影響福利制度的關鍵因素。社會安全制度為瑞典國家核心,瑞典模型為模型係以社會安全制度、積極的勞動市場政策及龐大的公共服務部門而形成,屬於普及式的社會安全制度,其福利型養老模式有六個原則:

1. 普遍性的福利原則，
2. 有一個強大的公共執行部門，
3. 以國家稅收作福利基金的來源，
4. 公民和居民享受福利的權利受法律保障，
5. 待遇人人平等，
6. 有較高的社會津貼。

瑞典的老年福利政策的目標就是讓所有老年人都有可靠的經濟收入、良好的住宅條件和必要的社會服務，並有機會參加各種有意義的社會活動。一九八二年通過的《社會服務法》，是瑞典最重要的一項老人社會政策與立法，該法案便直接明示個人的照顧應該是整體社會的義務，聲明非正式照顧只是做為公共服務的一種補充，照顧老人是社會的責任，家人所做的任何奉獻都應該是出於自願，不過事實上家人仍然提供相當大部份的照顧與支持。就老人的經濟保障政策是以基礎年金及附加薪資相關年金，使具普性及強制性。同時，金年之基數依消費者物價指數調整，以適時提高給付水準因應失業問題，以展現高齡人口的生活意義和生命尊嚴。雖然瑞典的服務提供是以稅收為主，而不需資產調查，但著重的是需求評量，服務應該是提供給最有需要的人，且為了減少不必要的機構照顧，幾乎所有人在住進機構之前都會先使用居家服務。

透過從國際比較的角度出發，由其他先進國家的老人社會政策進行檢視，提供我們不同於實務面的反省思考。

伍、我國老人福利法規的現況

　　我們一般人所稱的法律實際上是包括「法律」及「命令」二部份。依據《中央法規標準法》規定，所謂的法律是指「經過立法程序制定的法條」。而命令則是指「各級行政官署就其職務上之某事項所為之指示」。法律體系中所講的「社會立法」，主要是調整勞動關係、社會安全、社會福利和特殊群體權益保障等方面關係的法律規範的總和。

　　社會立法強調法律為人類生活的規範，是經過一定的制定程序，以國家權力而強制實行於人類的生活規範。人類為求生存的必要而有各種活動，因此對於國家或人民彼此間，便發生權利義務的關係，為謀此種關係正常的發展，不能不有一定的規範，以為遵行的途徑，關於人類生活的規範，社會政策與立法屬於社會工作專業上的「間接服務」（indirect service），是從「機構」的角度出發，以為助人專業的落實。

　　社會立法的目的在解決或預防社會問題，經由立法程序，制定各種與人民福祉有關的法律，以保障並改善國民的生活，促進全民福利的各種措施。社會立法有狹義及廣義的區隔。

　　狹義的社會立法強調的是解決與預防社會問題，用以保護處於弱勢者的生活安全所制定的社會法規，例如我國的《社會救助法》。

　　廣義的社會立法則是以增進社會大眾福利，以促進社會

進步發展而訂定的法規，如《國民年金法》等。

檢視我國現行老人福利法規有：

一、法律與命令

1. 老人福利法
2. 老人福利法施行細則
3. 老人福利機構設立標準
4. 私立老人福利機構設立許可及管理辦法
5. 私立老人福利機構接管辦法
6. 老人福利機構評鑑及獎勵辦法
7. 中低收入老人生活津貼發給辦法
8. 直轄市（縣）市老人福利促進委員會組織規程
9. 老人參加全民健康保險無力負擔費用補助辦法
10. 敬老福利生活津貼暫行條例
11. 老人住宅綜合管理要點
12. 中低收入老人特別照顧津貼發給辦法
13. 老人福利機構投保公共意外責任保險保險範圍及保險金額規定
14. 老人福利服務專業人員資格及訓練辦法
15. 老人健康檢查保健服務及追蹤服務準則
16. 補助或委託辦理老人服務及照顧辦法
17. 老人福利推動小組設置要點
18. 失能老人接受長期照顧服務補助辦法

19.老人福利服務提供者資格要件及服務準則

20.國民年金法

21.全民健康保險法

22.老年農民福利津貼暫行條例

23.長期照顧服務法

二、行政規則

1.　老人福利專業人員資格要點

2.　老人健康檢查及保健服務項目及方式

3.　安養定型化契約（含定有期限及未定期限）

4.　加強推展居家服務實施方案暨教育訓練課程內容

5.　加強老人安養服務方案

6.　非都市土地申請變更作為社會福利設施使用其事業計
　　畫審查作業要點

7.　失能老人及身心障礙者補助使用居家服務計畫

8.　照顧服務員訓練實施計畫

9.　照顧服務員結業證明書格式/補訓課程表/訓練課程表

10.社會福利機構公費院民死亡喪葬及遺留財物處理要點

11.老人之家院民生活輔導實施要點

12.社會福利機構保管院民財物注意事項

13.老人福利機構辦理收容業務實施要點

14.老人之家辦理自費安養業務實施要點

15.所屬社政機關受贈捐款及捐物處理作業規定

16. 社會福利基金進用契約臨時人員管理要點
17. 申請興闢社會福利設施免受山坡地開發建築面積不得少於十公頃限制案
18. 老人住宅綜合管理要點
19. 促進民間參與老人住宅建設推動方案
20. 老人住宅基本設施及設備規劃設計規範
21. 建築技術規則增訂老人住宅專章
22. 老人之家（養護中心）辦理老人日間及臨時照顧實施計畫範本
23. 居家服務提供單位營運管理規範
24. 照顧福利服務及產業發展方案第二期計畫
25. 建立社區照顧關懷據點實施計畫
26. 養護（長期照護）定型化契約範本
27. 老人福利機構失智症老人照顧專區試辦計畫
28. 失智症老人團體家屋試辦計畫
29. 老人福利機構失智症老人照顧專區專業人員訓練研習課程
30. 膳食採購管理作業流程注意事項
31. 老人福利機構評鑑實施計畫
32. 老人福利機構評鑑指標

　　台灣是世界老化速度最快的國家之一，趨勢不亞於日本。根據的人口推估，日本老人佔總人口比重從百分之七增

加到百分之十四，經歷二十四年。台灣亦在伯仲之間，加上台灣日益嚴重的少子化現象，使人口老化問題相對嚴峻，據估計，三十年後，台灣的老年人口扶養比將達百分之五十，亦即兩個工作人口就要養一個老人，是當今父母輩的三倍。人口集體老化，部份老人人口的收入又低，加上少子化帶來的老年安養負擔，如何因應未來少子高齡社會的挑戰，是當前我們社會迫在眉睫的重要議題。

陸、結語

　　由於人口老化（demographic ageing），以及傳統家庭結構（traditional family structures）的劇烈變遷等因素的影響，現有的各種社會安全制度，勢將在未來長壽社會（long life society）中遭遇到更大的挑戰。台灣的高齡人口迅速增加，其過程所伴隨而來的老人生活、安養、醫療、照護、育樂等的需求，政府必需有因應的策略和措施來調節，以建構足以符合老年人日益增長的福利服務需求。對於高齡化現象及其相關議題的政策思考，除了安養型態、補助機制等等的興革外，應該也要向上延伸至倫理觀念的價值廓清、照護政策的角色定位以及福利政策和社會立法的有效運作。

　　為順應臺灣社會急速高齡化和少子化，建立多元性老人福利政策有其必要性，老人福利政策之規劃要滿足不同社經地位和健康狀況及老人本身生涯規劃的需求，對於那些高社

經地位以及本身生涯規劃十分良好的老人，老人社會工作可以走向投資性的，甚至於是營利性的，一種高經營價值的老人安養、療養和醫療體系的老人福利政策，使老人成為高經濟價值的產業，以達到讓高齡者樂於、安於並且有尊嚴地迎接這一個新的生命階段。

第二章
老人社會政策與立法

壹、前言

　　依聯合國定義，六十五歲以上人口比率達百分之七、百分之十四、百分之二十，分別代表進入「高齡化」、「高齡社會」、「超高齡社會」。臺灣已於一九九三年進入「高齡化」社會，二〇一八年進入「高齡社會」、預計二〇二六年達到「超高齡社會」。在高齡人口急遽增加之時，老人福利服務益顯其迫切性與重要性，是以更應不斷鑽研相關知能，藉以建構周延的老人社會政策與立法，推展各項契合長者需要的服務，提升服務品質，因應需求拓展服務項目，使政府機構，社會資源相互為用，以全方位、人性化的需求導向，提供適切的福利服務。

　　高齡化的形成是普遍的、深遠的、歷久不衰的，在經濟的領域裡，高齡化將對經濟成長、投資、消費、勞動力、稅收產生衝擊。老人社會工作的目的是是在調適老年人的生活環境，幫助老人適應不良社會環境，像是疾病、經濟、家庭

關係等一些問題可以使老人能過正常的生活。善於結合民間力量，以協助老人運用社會資源，幫助老人增強個人能力，預防生理或心理上的迅速退化，例如：老人體能運動協助、營養指導、心理調適輔導等，能促使老人身心健康。同時，鼓勵老人參與社會活動，像是是宗教、老人教育、老人義工、老人俱樂部等，滿足它的精神生活。

貳、老人社會政策的意涵

　　社會政策是國家實行社會行政管理、推動社會福利和社會服務的基本手段，也是社會工作行政的活動依據。社會政策為公共政策亦屬行政政策，這是一種具有決策權的行政機關或行政機關工作人員，為了國家和公眾的利益而有效地推行行政管理，依據國家的法律為一定的行政行為，以確定行政目標、制定並選擇行政方案的過程。

　　一九九〇年代後，隨著人口結構與勞動市場方面產生重大變化，譬如我國人口老化速度造成老人失能比例的上升，加上婦女勞動參與率的攀升、父母與子女同住比例下降等再者民眾社會權的關念逐漸起步，我國社會福利政策顯然開始朝向普遍主義（universalism）的福利理念發展，民眾的健康及照護需求被視為是基本需求之一，就如同所得、營養、健康、住宅、教育等需求，開始將服務對象擴及一般戶老人。在實務上，老人社會政策與立法是政府有關機關，為反應高

齡者的需求，整合各種資源，將其轉變為公共政策；轉變的過程在行政與立法機關內運作，彼此互為影響。例如：日本為因應高齡趨勢及需求，於二○○三訂定的《健康增進法》開宗明義指出：「由於急遽高齡化的發展，國民健康促進的重要性更為顯著」其中第四章與第五章均提及運動健身的重要，並且鼓勵長者能善用體育館。

　　現代社會老人的需求可以區分為：

表2－1：長輩的基本需求

需求事項	需求內容
經濟保障	大多數的老年人是退休人員，收入來源縮小，收入減少，因此常常會恐懼積蓄可能不夠用的問題，也害怕社會安全輔助津貼不夠或甚至停止的問題。因此，希望在物質上獲得滿足。
家庭安定	希望能有個固定的住處、家庭生活安定和良好的家庭關係。
教育機會	老人們因為工作機會少、時常無所事事、一個人太無聊，希望能有個教育機會能讓他們增進所長，不但可以減少他們無聊時間，而且還可以促使老年適應其生活。
健康保障	年老病痛多，所以營養和保健對老年們很重要，希望能獲得醫療衛生保健營養各方面的協助與指導。
休閒需要	可以促使老人生活環境上的適應。
信仰需求	人類年紀越大就越需要精神寄託與心靈的歸宿。這種精神上的需要，最好的辦法就是信仰，並參與宗教活動。

需求事項	需求內容
社會參與	期望增加社會上互動機會，因為退休後沒工作，人際關係也會隨之減少，同時家庭結構也會跟著改變，導致家庭成員的互動減少，就容易產生身心疾病。
工作成就	許多老人在家庭與社區中，是積極的成員。他們可能是照顧者、志工，有些人則持續的在到了傳統退休年齡後尋找有給工作的就業第二春。

（資料來源：作者整理）

隨著老年人口的增長，福利政策與措施不僅需要對這群人口需求予以回應，也必須發展出新的應對方式。為確保老人良好生活品質或生活風格的可能性，福利政策與服務措施應該正視。

美國政策學者Howard Leichter曾指出影響政府政策形成的主要因素下列四項：（詹火生，1995）

第一、情境因素（situational factors），指情境偶發因素，如九一一恐怖攻擊。

第二、結構因素（structural factors），包括政治結構、經濟結構、社會文化結構等。

第三、文化因素（cultural factors），主要是政治文化（political culture）和一般文化。如政府的價值、規範和政治意識型態。

第四、環境因素（environmental factors），指的是社會

文化之外的在因素，如加入WTO對國內政策的影響。

　　社會政策與社會立法的範圍甚為廣泛，且可能隨著意識型態、政治、社會或經濟的變化而調整，尤其是為回應社會的訴求，必須經常增、修訂法規。社會政策所規定的任務、要求、目標，直接影響著某一群體和某一具體行業的興衰與發展。社會政策有下列各項的特點：

　　第一、社會政策與行政權力密切關連，只有掌握行政權的組織或個人才能制訂社會政策。

　　第二、社會政策是著眼於社會公共利益，以貫徹執行國家統一意志和利益為原則。

　　第三、社會政策發生作用的範圍相當廣泛，不但對行政組織內各成員有約束力，而且對管轄內的機關、團體和事業單位及其個人都有約束力。

　　第四、社會政策的內容十分廣泛，涉及由國家行政管理系統處理的具體事務。

　　第五、社會政策具有強烈的政治性，社會政策必須與國家的利益一致，同時體現著國家的利益和意志。

　　第六、社會政策受國家法律的規範，強調在法律規定的範圍內進行活動。

　　傳統社會，老人經濟安全保障透過家庭功能提供支持照顧，政府早期提供機構式收容方式提供無依老人照顧的安養服務，也只在補足家庭功能之不足。而隨社會保險方案陸續開辦、民主化過程及政黨競爭選舉效應，使老年人口的經濟

安全保障政策，逐漸發展社會救助、社會保險、退休給付、社會津貼。為確保老人良好生活品質或生活風格的可能性，福利政策與服務措施應該正視的方向如下：

表2－2：老人福利政策與服務措施的努力方向

項目	內涵
結合社區服務	可將老人的休閒、娛樂、教育與志願服務結合，以社區為單位，讓服務變成一種快樂的、喜悅的與他人互動和交流的機會。
重視老年教育	經由終身教育的推展，以促進高齡者教育機會，老人教育可帶動老人的自我成長。
鼓勵志願服務	對於從事志願服務的老人來說，志願服務工作不僅提供一種互惠利益，並且增進和維持個人的福祉。
考量需求差異	針對老人不同特性與需求應給予個別協助與照顧，並且賦與老人新社會價值。
強調休閒娛樂	幫助老人克服生活困難與強化其獨立性，並且增進其能力以從事休閒、娛樂與觀光活動。

（資料來源：作者整理）

　　人口老化日趨嚴重，多面向照顧需求相繼而生，因而多元模式之老人福利服務發展是重要趨勢。為謀有效規劃和作為，落實在地老化政策，是老人福利政策的新導向，也是順應高齡化社會主軸性的老人福利政策。「在地老化」（aging in place）」就是讓老人在家庭中或社區中老化，一般不必在

成為老人後，為接受照顧必須離開老人原本熟悉的家庭，原本能夠順應的社區，而遷移到另外一個社區或是機構接受照顧。這種面對年老的衝擊還要重新適應新的生活、新的環境、新的朋友，以及與過去熟悉的親友們隔離，是一件十分痛苦之事。老人福利社區化是世界社會福利的趨勢，過去機構式的照顧方式，不只是成本昂貴，且強迫老人從自己熟悉的環境及社區離開，到一個遠離社區、集中式的機構，重新適應新的環境、人、事、物，對一個年老的長者而言是相當不人性的照顧方式。如何讓老年的生活仍享有應有的尊嚴及人性化的對待，「在地老化」政策是老人福利的重要軸心。

依OECD（Organization for Economic Cooperation and Development, OECD）國家的經驗為例，「在地老化」是為我國老人社會政策發展的目標，以避免因大量發展機構服務所導致的缺點。從國際間的發展經驗及我國的民情需要，均顯出我國推展在地老化政策的必要性，從二○○四年政府頒定「社會福利政策綱領訂定原則」，即明訂「落實在地服務」，強調兒少、身障及老人均以在家庭中受到照顧與保護為優先原則，機構式的照顧乃是必要的補救措施；各項服務的提供應以在地化、社區化、人性化，並切合被服務者的個別需求為原則。此外，政府與民間應積極維護老人尊嚴與自主，形塑友善老人的生活環境，以居家式服務和社區式服務作為照顧老人的主要方式，再輔以機構式服務。依循在地老化政策的原則，重新檢討現行推動的老人福利服務措施，宜

朝向於理念法制化、體系系統化及服務親切化等方面努力作為。

　　在地老化的老人福利政策的導向，必須有完善家庭政策、社區政策、社會保險、長照政策以及醫療體系的配合，才能真正能落實執行，而不是一項構想而已，或是政府將老人福利推給家庭負責，推給社區負責的一種消極的政策。是以，政府宜透過各種獎助及委託辦法，開辦老人社區照顧、營養午餐、老人住宅及保護網絡等服務，發揮社區照護功能，使老人能在家庭、社區中頤養天年。

參、老人社會政策的重點

　　老人社會工作充滿無限的發展潛能，值得我們共同經營與努力。這項專業服務是運用社會工作個案、團體、社區等服務方法，去了解老人疾病或常見的老人情緒問題與老人生理或心理健康有關之社會政策或的一種專業服務。

　　社會政策是國家實行社會行政管理、推動社會福利和社會服務的基本手段，是社會工作行政的活動依據。任何一個國家都有它社會發展的總目標和總計畫。即社會發展的總目標和總計畫需要經由社會政策加以具體化，使之具有可操作性。老人福利政策的制定發展會受到人口結構、經濟、文化、社會發展趨勢與政治等層面及其彼此互動的影響。老人社會政策的頒訂就是為了反映老人的福利需求，以獲得真正

的滿足。

　　我國傳統社會一向是一個敬老尊賢的社會，以前就有老人福利思想，主要是依託於家庭，政府但並沒有完善的老人福利制度，是到近代才有單獨的老人福利措施出現。高齡人口的福利需求，主要是包括：經濟保障、健康醫療、安養照顧和福利服務兩方面，才能發揮「老有所安」的功能。

一、經濟保障──年金化

　　高齡化社會來臨的主要原因是生命餘年的持續延伸，自然亦顯示年齡愈大的老人其風險愈大，而傳統的人壽保險已無法滿足一般老人實質的需求，尤其老人對於長期照護的需求更大，建構老人長期照護保險體系，使高齡社會長期照顧的風險透過保險體制分擔，對於順應高齡社會長期照護有實質的助益。這種高齡社會特殊保險體制必須在政府、業者和長期照護體制共同配合貫徹執行，才能發揮實效。

　　隨著社會變遷與家庭結構改變，家庭扶持老人之傳統功能漸趨式微，子女供養老人比例逐年下降，因此提供國民老年生活的經濟安全保障，已成為我國社會安全體系中重要之一環。「國民年金」是我國於二〇〇八年十月開辦的社會保險制度，主要納保對象是年滿二十五歲、未滿六十五歲，在國內設有戶籍，且沒有參加勞保、農保、公教保、軍保的國民。國民年金提供「老年年金」、「身心障礙年金」、「遺屬年金」三大年金給付保障，及「生育給付」、「喪葬給

付」二種一次性給付保障。被保險人只要按時繳納保險費，在生育、遭遇重度以上身心障礙或死亡事故，以及年滿六十五歲時，就可以依規定請領相關年金給付或一次性給付，以保障本人或其遺屬的基本經濟生活。建構基礎性的國民年金制度，使所有老人在年老及退出工作場所後，均能維護其基本的生存權，來滿足老人基本生活的需求，勞工保險退休新制以及勞工保險採年金制，亦具有確保退休後基本生活的需求，這便是落實老人經濟保障的重要政策之一。

國民年金的開辦使我國的社會安全網得以全面性建構，補足了以往社會保險制度的缺口，讓台灣邁入全民保險的時代，落實政府全民照顧的理念。而採行「年金」方式辦理，不僅可以避免一次給付後，因資金運用不當所發生的損失，此外，年金制度有配合物價指數調整投保金額（投保金額為計算年金給付的基礎）及定期調整年金給付基本保障金額的設計，可以避免因通貨膨脹造成給付縮水，以確實保障年金給付對象的生活需要。

二、健康醫療──健保化

老年社會工作的主要目的是在調適老年人的生活環境，幫助老人適應不良社會環境，像是疾病、經濟、家庭關係等一些問題可以使老人能過正常的生活。由於老人年歲增長將伴隨著身體機能的退化，對健康維護的需求自然較高，透過全民健康保險的實施，將可使老人的健康獲得保障及促進，

延緩老化及進入衰老的時間，同時減輕家庭照顧者負擔，營造健康、福利、互助的溫暖生活。

　　為增進全體國民健康，我國於一九九五年三月開始實施全民健康保險，以提供醫療保健服務，主要法律依據為《全民健康保險法》，屬於社會保險制，採取「公營單一社會保險制」的醫療照顧體系（health care system）。全民健康保險是以全體國民為保障對象，在自助互助、共同分擔危險的基本原則下，每一位參加保險的人按月繳納保險費，一旦發生生育、疾病、傷害事故時，由保險醫事服務機構提供醫療保健服務的一種社會保險制度。可以大幅減少家庭及個人財務負擔，尤其是在病患一旦罹患重症，除了少部份自費負擔外大多數醫療費用都有高額的補助。而健保平時也能補貼一般疾病的開支，減輕民眾醫療的負擔。

三、安養照顧──在地化

　　社會的變遷、工業化、都市化及核心家庭制度普遍等因素的情況下，養兒防老或扶養父母的事，已不是每個家庭都能做到的事。從國際經驗可知，世界主要國家的老人照護政策，多朝向在地老化（aging in place）為重要的原則，認為老人應在其生活的社區中自然老化，以維持老人自主、自尊、隱私的生活品質。有鑑於高齡人口比例漸高，生活無法自理必須接受養護或長期照護機構就養之需求殷切。因此，不論國家體制為何，其資源發展、服務提供、組織管理、財務支

持等策略，均支持社區長期照護體系的建構，希望以「在地」的服務，滿足「在地」人的照顧需求，盡可能延長他們留住社區的時間。因此，我國的老人長期照護政策應全面朝「在地老化」的目標發展，其中需要努力的方向，包含了：

1. 評估地區長期照護需求，設定發展目標；
2. 發展多元的「在地」服務，服務當地民眾；
3. 連結資源，建構社區照顧網絡，提升服務機能；
4. 提供居家支持服務，降低對機構式服務的依賴；
5. 建構周延制度，支持社區式長期照護體系的發展。

建立居家式、社區式、機構式長期照顧服務的連續性網絡，以因應老人照護的多元需求，使長期照顧服務需求者，獲得有效的服務連結及確保服務的連續性。為增強家庭照顧老人之意願及能力，提升老人在社區生活之自主性，政府應自行或結合民間資源，以提供保健服務、醫護服務、復健服務、輔具服務、心理諮商、日間照顧、餐飲服務、教育服務、法律服務、交通服務、退休準備、休閒服務、資訊提供和轉介服務等社區式服務，以及其他相關之社區式服務，以強調全人照顧、在地老化、多元連續服務為政策導向，讓民眾可獲得不同需要的滿足。建立服務輸送體系的可近性，開發照顧資源，積極推動「建立社區照顧關懷據點實施計畫」。在地老化政策的主要精神，在於服務輸送的近便性。現行雖已有居家、社區及機構式等服務提供，並設置長期照顧管理中心、居家服務支援中心、老人福利服務中心等服務

窗口，惟考量人口老化速度急遽，現行的服務窗口普及性有
不足，民眾使用的可近性不高；再者，初級預防照顧服務仍
較為缺乏。

四、福利服務──參與化

　　高齡化社會面臨最明顯的問題，便是老年人口愈來愈
多，但是工作人口卻愈來愈少的問題。此一現象將形成社會
愈來愈大的負擔。面對以上這些重大問題，我們便要有「社
會關懷、社會參與」的觀念。高齡化社會和少子化社會現象
必然造成依賴人口的增加，但從另外一個角度來分析，由於
平均壽命的增加，以及醫療體系建制和全民健康保險體制之
執行，使得國人健康狀況提高、生命餘年增加，以及一般六
十五歲退休年齡，造成很多身體健康，工作成熟的人士提早
退休，退出工作場所，毫無疑問是一種人力資源的浪費，甚
至於是一種年齡歧視的社會現象，而男女性別不同退休年
齡，更是一種性別歧視，實在應該從個人的意願、個別健康
狀況，以及個人的生涯規劃來確定每一個人最適當的退休年
齡。至於「老年生涯規劃」，就是期望高齡者能有計劃性退
休的觀念，也就是在退休之前，做好退休後有計劃性的安
排，包括經濟生活安全、醫療保健、休閒與家庭生活、心理
和社會適應、再就業或社會性活動之參與等，均為老年生涯
規劃之重要議題。每一個部份都要有規劃，而且要依規劃去
作充實的生活。

隨著醫藥科技的進步，人類的壽命大大提高了，老人自六十五歲到他的人生盡頭，往往還有長達二十至三十年的光景，若不將他的能力做有效的運用，對整個國家社會而言是莫大的損失。老年人仍然需要工作，主要理由包括：經濟需求、自我實現、寂寞排遣、人際接觸、心理補償、老化延緩、自尊維護、精神寄託等。所以社會應把老人也當作一份社會的資源，不要因其漸老，就將之放棄或摒棄，而應積極地將老人組織起來，使此一資源得以投向生產。

老人福利政策能關注老人的社會、經濟與生理安全，並考量老人的需求與權利，那麼，老人的尊嚴、保障與照顧就可獲得支持與確保。家庭與社區的支持性措施，目的在幫助它們能滿足老人的需求。經濟安全保障的目的在確保老人的財務與生活保障能維護老人的安全與尊嚴。社會安全網的服務不僅要協助貧窮與獨居老人，也要提供老人穩定與適當的經濟收入。從生命歷程觀點來看，真正經濟安全的福利政策，應鼓勵一般人及早為其健康、社會與財務安全做好準備。政府可以透過立法或是針對老人需要長期照顧的前瞻發展，將保險制度──「活得愈久，領得愈多」的基本理念充分結合，促成保險體系與老人社區、老人住宅、老人安養、醫療體系相結合，使更多老人做好本身生涯規劃，追求踏實、從容、尊嚴的生活。

肆、老人福利服務的立法

　　高齡社會來臨，隨著老年人口的增加，其照顧與福利等各種服務之需求也日益增加及趨向多元化，因此，老人社會工作已成為社會、經濟的重要議題。老人福利服務的立法於面對步入高齡化社會，老化的人口結構已經成為一項社會事實（holistic social fact），而有必要進一步含括：文化觀念、政策立法、制度行政，以及福利服務等的配套性擘劃，政府將老人需求列入福利政策與立法的環節，《老人福利法》於一九八〇年公布實施，其主要內容分述如下：

一、法條要點

1. 立法目的：為弘揚敬老美德，維護老人健康，安定老人生活，保障老人權益，增進老人福利。
2. 定義：老人，係指年滿六十五歲以上之人。
3. 任務：涉及老人福利各項業務之相關目的事業主管機關應就主管項目主動配合規劃並執行之；各級政府以委託興建、撥款補助、興建設施委託經營、委託服務或其他方式，獎助民間為之；各級主管機關為協調、研究、審議、諮詢及推動老人福利，應設老人福利促進委員會。
4. 老人福利機構：（1）長期照護機構；（2）養護機構；（3）安養機構；（4）文康機構；（5）服務機

構。

5. 老人住宅之辦理與獎勵補助：

（1）政府直接興建之國民住宅，提供符合國民住宅
承租條件且與老人同住之三代同堂家庭給予優
先承租之權利；

（2）專案興建適合老人安居之住宅，並採綜合服務
管理方式，專供老人租賃；

（3）鼓勵民間興建適合老人安居之住宅，並採綜合
服務管理方式，專供老人租賃。

6. 老人經濟生活及年金：老人經濟生活保障，採生活津
貼、特別照顧津貼、年金保險制度方式；中低收入老
人未接受收容安置者，得申請發給生活津貼。

7. 居家服務：（1）居家護理；（2）居家照顧；（3）
家務服務；（4）友善訪視；（5）電話問安；（6）
餐飲服務；（7）居家環境改善；（8）其他相關之居
家服務。

8. 健康保健：老人得依意願接受地方主管機關定期舉辦
之老人健康檢查及提供之保健服務；老人或其法定扶
養義務人就老人參加全民健康保險之保險費、部分負
擔費用或保險給付未涵蓋之醫療費用無力負擔者，地
方政府應予以補助。

9. 老人保護：建立老人保護體系；老人因無人扶養，致
有生命、身體之危難或生活陷於困境者，直轄市、縣

（市）政府得依職權並徵得老人同意或依老人之申
請，予以適當安置。

10.喪葬服務：無扶養義務之親屬或扶養義務之親屬無扶
養能力之老人死亡時，當地主管機關或福利機構應為
其辦理喪葬，所需費用，由其遺產負擔之；無遺產
者，由當地主管機關或福利機構負擔之。

11.老人受虐之防止：老人直系血親、卑親屬對其有疏於
照料、虐待、遺棄等情事致其有生命、身體、健康或
自由之危難，直轄市、縣（市）政府及老人福利機構
得依職權並徵得老人同意或老人之申請，予以適當短
期保護與安置。老人如欲對其直系血親、卑親屬提出
告訴時，主管機關應協助之。

二、法案內涵

（一）經濟安全

高齡化社會來臨的主要原因是生命餘年的持續延伸，自
然亦顯示年齡愈大的老人其風險愈大，而傳統的人壽保險已
無法滿足一般老人實質的需求，尤其老人對於長期照護的需
求風險更大，建構老人長期照護保險體系，使高齡社會長期
照顧的風險透過保險體制分擔，對於順應高齡社會長期照護
有實質的助益。老年相較於生命階段的人口群，老年人是屬
於較易受貧窮威脅的一個人生階段。從職場上退休後，代表

著收入停止，若無其他的資源介入，生活則可能面臨危機，因此對於老年人口的經濟生活安全需求，是需要介入與關注的。其內容為：

表2－3：老人福利法經濟安全保障簡表

項目	辦理	內容
中低收入老人生活津貼	一九九三年	為保障中低收入老人的基本生活水準，特別針對年滿六十五歲以上，生活困苦無依或子女無力扶養之老人，並且未接受政府收容安置者，直接提供每月三千到六千元津貼。
中低收入老人特別照顧津貼	二○○○年	依據《老人福利法》規定「老人經濟生活保障、採生活津貼、特別照顧津貼、年金保險制度方式，逐步規劃實施。」及同法施行細則規定：「本法所稱特別照顧津貼，指對於罹患長期慢性病且生活自理能力缺損，需專人照顧之中低收入戶老人所給予之津貼」，每月發給五千元。
敬老福利生活津貼	二○○二年	為落實加強照顧老人生活之政策方向，協助維持經濟弱勢老人之生活安全，於國民年金尚未實施前，衡量國家財政負擔並基於福利資源不重複配置與社會公平原則，發放敬老福利生活津貼，做為國民年金規劃完成以前之過渡措施，每月發給三千元。

（資料來源：編者整理）

（二）醫療保健

健康保健的需求，對身體機能漸退化的老年人口是一項重要的議題，為了維持老人的身體健康，各項健康維護的措施有：

表2－4：老人福利法醫療保健簡表

項目	內容
老人預防保健服務	依據《老人福利法》規定：「老人得依意願接受地方主管機關定期舉辦之老人健康檢查及提供之保健服務。健康檢查及保健服務之項目及方式，由中央主管機關會同中央衛生主管機關定之。」依此規定各縣市政府配合全民健康保險成人預防保健服務項目辦理老人健康檢查。
中低收入老人重病住院看護補助	為使居住在機構內老人或一般老人因重病住院無專人看護期間，能獲得妥善照顧並減輕其經濟負擔，特別提供補助。低收入戶老人每人每日補助一千八百元，每年最高補助二十一萬六千元，中低收入老人每人每日補助九百元，每年最高補助十萬八千元。

（資料來源：編者整理）

（三）安養照顧

老人生活的長期照顧及安養問題，是近幾年非常受到大家關注的問題，在福利措施的推動上，亦有多種形式出現。在「社區化」、「在地老化」的推動上，老年生活照顧的方

式，即分成居家照顧、社區照顧、機構照顧等多種方式。

表2－5：老人安養照顧方式簡表

項目	內容	
居家照顧	因應老人居家安養的需求，減低家庭照顧者的負擔，針對中低收入失能老人提供居家服務，居家服務補助的標準依失能程度分別有：輕度失能者、中重度失能者、極重度失能者。補助對象不再限於低收入戶及中低收入，自二〇〇二年擴大至一般戶，並至二〇〇四年增列極重度之補助。此外，提升照顧服務的品質亦十分重要，因此居家服務專業訓練、照顧服務員的培訓等工作，也是居家照顧重要的一環。	
社區照顧	日間照顧	日間照顧主要是提供沒有接受居家照顧或機構安養之獨居老人，或是子女平日無法提供家庭照顧之老人，在社區中設立日間照顧中心，提供老人於白天活動的時間，可至日間照顧中心接受照顧與休閒服務，以紓解家庭照顧者的負擔，並增進老人參與社會的機會。補助養護型民間照顧，低收入戶每人每月最高五千元，中低收入每人每月最高三千元，交通費每人每月最高一千五百元，並自二〇〇四年補助辦理團體專業人力及辦公室設備。
	營養餐飲	由於個人生活自理能力隨著年紀增長或健康影響而退化，對於營養的需求更需注意，並且減少生活中為了餐食所造成之危險及不便。因此提供有此需求之老人營養餐食之服務，以兩個方式供應，一為行動自如之老人，選定適當地點提供餐飲集中

項目		內容
社區照顧	營養餐飲	用餐；一為行動困難者則以送餐到家的方式。補助低收入戶及中低收入每人每餐五十元。
	社區照顧關懷據點	結合社會團體參與社區照顧關懷據點之設置，由社區民眾擔任志工，提供關懷訪視、電話問安諮詢及轉介服務、餐飲服務、辦理健康促進活動等，透過社區照顧的模式，使老人留在熟悉的社區中生活，同時亦提供家庭照顧者適當之喘息服務，延緩長者老化速度，發揮社區自助互助照顧功能。
機構照顧		許多老人因日常生活活動能力的喪失，以致無法自理生活，需要提供機構式的長期照護，給予全天候的養護照顧。隨著社會發展結構的改變，機構式的照顧，形成另一種照顧的類型，以補充現代社會中缺少的家庭照顧功能。補助低收入戶公費安置，並鼓勵機構開辦外展服務。

（資料來源：編者整理）

除此之外，老人生活的安養照顧尚有：

1. 老人保護：推動老人保護專線，設立單一窗口：用以掌握相關資訊及資源連結，辦理老人保護工作。

2. 強化獨居老人之關懷服務：透過緊急醫療救護系統，例如生命救援連線，由縣市政府、消防局、警察局或民間團體等方式，協助緊急支援服務；結合民間單位、志工、社區資源等，提供獨居老人之關懷與

協助。

3. 成立失蹤老人協尋中心：透過預防走失宣導、協尋通報、後續比對、追蹤服務及社會福利諮詢等整體措施，提供預防走失手鍊，結合警政、社政、醫療衛生單位以及傳播媒體的協尋網絡，利用資源連結的力量協尋失蹤之老人。

（四）福利服務

老人的福利服務並不限於身體的照護，老人心理的發展與尊嚴的維護更不容忽視，因此老年人力的運用也有助於老人對自我價值的肯定。讓老人能尋求機會以充份發展潛能，過著具有生命尊嚴及彩霞滿天的晚年生活。

表2－6：老人福利法休閒教育簡表

項目	內容
辦理長青學苑	重視老人的精神生活之充實，提供具有益智性、教育性、運動性、才藝性等課程活動，以增進老年生活的豐富。
老人文康活動中心	提供正當的休閒聯誼、推動老人福利服務工作，以老人文康活動中心提供老人休閒、康樂、文藝、技藝進修及聯誼活動。
推動老人休閒育樂活動	鼓勵老人參與各項教育研習活動、社會服務活動以充實生活，並於老人參與戶外活動的同時，提供交通工具、育樂場所、文教機構等費用的減免與優待，弘揚敬老美德。

（資料來源：編者整理）

（五）長期照顧

　　鑑於長照服務係人口老化速度冠於全球的臺灣不得不嚴肅面對的課題，除應積極排除民間參與長期照護產業的阻礙，推動各項有效的照護產業扶植措施；整合衛生與福利等部門的照護服務，並透過教育體系及證照制度充實與運用相關人力外，允宜考量目前臺灣主要的福利保障制度係以社會保險方式為主，積極規劃以服務為主、現金為輔；機構式、居家式與社區式多元服務的長照制度，以利建構一套更趨完善的社會福利制度。二〇一五年所通過的《長期照顧服務法》制度具體內容：

表2-7：老人長期照顧服務簡表

項目	內容
服務對象	計畫服務對象以日常生活需他人協助者為主（經ADL、IADL評估），包含下列四類失能者： 1. 六十五歲以上老人； 2. 五十五歲以上山地原住民； 3. 五十歲以上之身心障礙者； 4. 僅工具性日常生活活動功能（IADL）失能且獨居之老人。
服務原則	有關服務對象失能程度界定為輕、中，重度三級；原則以實物補助（服務提供）為主，現金補助為輔，以補助服務使用為原則，並依失能者家庭經濟狀況提供不同補助。補助的標準，以家庭總收入未達社會救助法規定最

項目	內容
服務原則	低生活費用一‧五倍者全額補助；家庭總收入符合《社會救助法》規定最低生活費用一‧五倍至二‧五倍者補助百分之九十，一般戶補助百分之六十；超過政府補助額度者，由民眾全額自行負擔。
服務內容	包括照顧服務（含居家服務、日間照顧、家庭托顧）、居家護理、社區及居家復健，輔具購買、租借及居家無障礙環境改善服務，老人營養餐飲服務，喘息服務，交通接送服務，以及長期照顧機構服務等八大項目，有需求之民眾經各縣市長期照顧管理中心綜合評估後，將依核定結果連結相關資源提供正式服務。

（資料來源：編者整理）

　　我國因面臨家庭功能的轉型與人口結構的改變，而使老人居家安養問題，應予正視，俾以維繫其功能，或藉由必要的社區資源或福利社區化的措施協助長者仍能在熟悉的社區環境中頤養天年，若因健康問題、生活自理能力退損、乏人照顧者則以機構安養服務；無論是居家服務、社區照顧或機構養護均應尊重長者的自主選擇，應予有尊嚴的服務及生活安全的保障。

伍、結語

　　快速高齡化社會已實質衝擊到我國的老人福利政策，政

府不但仍應扮演老人福利政策主導的角色，並結合民間資源，以更多元化老人福利政策，來滿足不同社經地位老人的實質需求，並以更周延地規劃基礎性和發展性老人福利政策。

　　高齡化社會的快速變遷，將引發新的需求與問題，已成為政府及民間關注的焦點，因而也須有相對的規劃、因應對策與措施，乃至法規的修訂，俾使立法、政策、服務合一，有效落實老人福祉。為了提供老人完善的服務與全人之照顧，政府的衛生、福利、交通、營建及勞工等相關機關，皆有責任力促老人的福祉，以對應於老人福利現況及未來發展方向。推動老人福利措施可分成健康維護、經濟安全、教育與休間、安定生活、心理及社會適應、其他福利措施等，讓老人維持尊嚴和自主的生活。這是一項重要且必要的挑戰，也是整個社會包括老人本身、家庭、民間部門和政府所需承擔的共同責任。

附錄

● 「老人福利法」
　請參閱衛生福利部社會及家庭署老人福利網站
　http://sowf.moi.gov.tw/04/02/02.htm

● 「老人福利法施行細則」
　請參閱衛生福利部社會及家庭署老人福利網站
　http://sowf.moi.gov.tw/04/02/02.htm

第二篇

經濟保障

第三章
老年經濟安全保障

壹、前言

　　觀諸「高齡社會」，因老人大量增加，政府不勝負荷，導致退休金減少，社會福利及健保給付減少；而老人的醫療，照護費及其他支出增多，形成長者的困擾。若遇有經濟蕭條，老人福利緊縮，平時依賴公共福利維生的老人，生活就會更困難。所謂「經濟保障」，就是現代國家發動社會安全力量，並透過收入再分配，籌措並建立一筆資金，向沒有或失去收入的勞動者，乃至國民作出給付保障，進而達到國民安居樂業、社會生活安寧、經濟持續增長的效果。「老年經濟保障」，則是指對退出勞動領域或無勞動能力的老年人，實行的社會保護和社會救助措施。

　　東西文化的差異，反映在不同的社會價值及老人保障制度，西方家庭結構基本上是呈現單向推移模式，即上一代人有撫養下一代人的責任，下一代人則無撫養上一代人的義務。西方文化宣揚獨立才有尊嚴的思想，使一些老年人在身

處困境時也恥於向子女伸手。此種文化觀念決定了西方大多
數老年人認為，贍養老年人是政府的責任，同時個人也應承
受擔起自我養老的責任。因此，西方社會發展出一套較為完
善的老年人服務網絡，以解決老年人的種種特殊需要。如：
陪老年人聊天、帶老年人看病、幫老年人購物、為老年人諮
詢等服務都需要進入老年人社會工作者的視野。由於文化觀
念所帶來的老年人贍養方式、居住方式、人際交往方式的差
異，直接導致了不同文化背景下老年社會工作的區別。英國
於二十世紀初期就公布了《養老金法》，以保障老年人的基
本生活需要。一九三五年由美國羅斯福（Franklin Delano
Roosevelt）頒訂《社會安全法案》，此法案在社會保障中，
老年保險制度被置於首位，明確以老年人、貧困盲人以及失
依兒童為救助對象。

貳、老人的經濟保障需求

　　老化是人生重要的發展過程，每個人在老化的過程中，
最重要的是要對老化有正確的認識，從而採取調適與因應措
施，讓個人的成長，能「順利的老化」（successful aging）。
收入減少，時間與生命延長了，如何善用老本？確實是退休
生活中十分實際的現實問題。所以老人也須學習成長，接受
教育，以獲取老人成長相關知能，而其最終目的在於促進老
人能達到統整、圓滿、自我實現，並能深切體驗生命的意義

與價值。

　　一九六五年聯合國出版《人口老齡化及其社會影響》一書，以六十五歲作為老年的起點。目前，國際通常將六十五歲以上者視為老年人口，大多數國家都把六十五歲設為退休和享受社會保障的年齡。每個人都有四種年齡，即日曆年齡、生理年齡、心理年齡和社會年齡。日曆年齡也稱自然年齡或生命年齡、出生年齡，指生命離開母體後實際度過的時間。生理年齡是指以個體細胞、組織、器官、系統的生理狀態、生理功能以及反應這些狀態和功能的生理指標所確定的個體年齡，生理年齡的測定主要採用血壓、呼吸、視覺和聽覺等等多項生理指標。心理年齡是指人的心理走向衰老的快慢過程。社會年齡是指人的社會閱歷和社會適應能力。不過，隨著預期壽命及健康增進，老年的起點隨著社會的發展而不斷調整。老年人最立即的需求是金錢，所以退休後老年人的社會安全福利先被加以討論。尤其是當他們已無法工作或是已經退休之後。老年人的收入保障有兩類。

　　老人與社會互動關係的弱化，即出現角色中斷和次一級角色變換，其主要影響是退休生活、休閒方式以及人際互動的改變。退休生活帶來是：

　　第一，職業角色的中斷；

　　第二，社會地位下降；

　　第三，社會聯繫的弱化。

　　老年人社會地位的變化，通常透過以下幾個方面體現

表3－1：老人經濟保障簡表

項目	內容
社會保險	是一種社會保障，符合資格的人不需經由資產檢驗就可以獲得保障。資產檢驗會限制老年人獲得社會保障，因為他們可能收入太少或是有太多的資產。有錢的老年人得到的社會福利就跟一生都屬低收入的勞工一樣。
社會安全	如：補貼救濟金，是一種公共的輔助計劃，有限定收入或財產的人才有資格使用這個計劃。

（資料來源：編者整理）

出來：

第一，離開職業場所；

第二，經濟收入明顯減少；

有人說：「錢不是萬能」，但「沒有錢卻是萬萬不能」，老年人更應該對此有深刻的體認及採行預防之方。因此，「老有所養」是老人晚年生活最基本的需求。老年人不只是子女的責任，也是社會、國家的共同責任及資產，政府應保障老人經濟安全，不論貧富都應使老人有基本收入，並維持尊嚴的最低需要，國民年金的法案就是對老人經濟安全的保障。

近年來，我國的老化現象也越來越明顯，包括出生率下降，出生的嬰兒逐年減少，死亡率降低，平均壽命提高，老年人口數逐年增加。此一人口結構變遷現象帶來的後果與問題，逐漸在影響我們的生活，家庭養護照顧漸無法勝任，社

會的扶養比率也在急遽增加,養不起的未來,不是只有小孩,更多的是未來的老年人口。隨子女數下降,過去以「家庭」世代間的經濟移轉方式,因傳統家庭養老功能式微,漸漸由「社會」世代間經濟移轉而改變。而個人在年輕時如未有理財儲蓄,亦無完整社會安全制度提供照顧,退出勞動市場後沒有固定收入,加上市場經濟物價波動之風險,一旦不幸帶病延年,則晚境更為堪慮。

老年經濟保障是一種透過國家強制力,保障勞動者因年老失去勞動能力時,仍能獲得基本的經濟收入,維持基本生活的社會制度。二十一世紀是高齡化的世代,隨著科學技術的進步、經濟水準的提高、人們生活水準的上升和醫療衛生保健的發展,死亡率迅速下降,整個世界人口的平均預期壽命大幅度延長,養老問題將成為全球共同面對的議題。

建立和健全老年社會保障是對他們過去所做的貢獻的肯定,充分體現了社會的公平,也體現了社會的人道主義的精神。世界銀行與國際勞工組織在老年經濟安全保障層級的規劃,皆是結合公共年金與私人年金制度,輔以社會救助制度,以提供老年人較完備的經濟安全保障,且其基礎保障部分多由政府提供,採強制方式參加,至於額外的保障部分則鼓勵透過私人或企業方式來提供,以減輕政府的照顧責任。

就主要工業先進國家的制度而言,老年人的經濟安全需求主要靠四個支柱來滿足:

第一個支柱是國家保證的年金(state-guaranteed pension)

表3－2：老人養老金需求簡表

項目	內容
彌補家庭養老的需要	由於生育率發生變化，世界人口高齡化的速度加快，老年人口數量日益增加，因而每個家庭需要贍養的老年人數量多，加重了贍養的負荷。此外，家庭結構也發生了改變。家庭規模日益縮小，子女的數量越來越小。所以，很多老年人都不得不單獨居住和生活。家庭無法承擔贍養老年人的全部責任，從而需要國家、職場和家庭來共同分擔贍養老人的責任。
滿足勞動者的需要	由老年所導致的無勞動能力是一種確定的和不可避免的風險。與失業或傷殘保險相比，養老保險是絕大多數的勞動者都需要的。在人口老齡化或人類壽命不斷延長的條件下，需要獲得養老保險的勞動者更是與日俱增。
體現社會公平的需要	社會資源的分配，大致歷經兩個過程：第一是初級性分配，以薪資的形式回饋勞動者的勞動支出，即勞動者直接獲取薪資報酬；第二是社會再分配，就是對不直接參與生產過程，或是收入不足以維持一定生活水準的成員給予的救助。社會保險屬於後一個領域。

（資料來源：編者整理）

體系，如國內實行已久之軍、公、勞保老年退休給付，及國民年金。

　　第二個支柱是職業年金（occupational pensions），如國內公務人員的退休金，及雇主依據《勞工退休金條例》給付的退休金。

　　第三個支柱是私人年金保險，這是由個人在保險市場中

選購合乎自己經濟與財務規劃條件的私人年金保險。

第四個支柱是資產調查式的社會救助，這通常是消極的最後社會安全保障了。

「活著久、活著好」是古今中外人類的夢想，但「一人長壽，眾人護持」，長壽除是個人如基因、生活方式及健康行為等層面的綜合影響，又涉及整體社會環境結構與資源分配的議題。較佳的健康與收入使許多老人能享有運動、藝術與旅遊等類型的休閒活動。可預期的是：在這些領域裡，老人將變成一個日益重要的消費者市場。從有給工作退休後，許多老人可以因此而解脫家庭與財務的責任。因為他們有更多時間接受教育、追求休閒、從事娛樂，以及展開文化活動與志工服務。人們對於退休將有更多的期待，也將尋求有品質的生活風格。

參、老年經濟保障的借鑑

老年保險金的基本意涵是，勞動者在年輕有工作的時候進行儲金，以後當年紀大退休的時候，每個月仍有退休金給與的收入。隨著人口老化，為提供高齡者的經濟保障，國際上呈現著不同制度，最早對老年人經濟安全的保障主要是家庭的責任，隨著社會權（social right）的發展，照顧老年人的經濟安全逐漸移轉為政府的責任；英國學者Titmuss提出「職業福利」（occupational welfare）的概念後，雇主開始負起對

員工的照顧責任；隨著福利國家危機，各國政府逐漸從社會福利當中抽離，社會福利引進民營化作為，要享福利即應盡責任，個人儲蓄觀念的培養遂成為各國大力倡導的觀念，形成多層次、多元化保障。例如：多元共擔型養老保障模式、多層次保障型養老保障模式、國家及企業負擔型養老保障模式、國家負擔型養老保障模式、企業及個人負擔型養老保障模式等。對於未來老年經濟安全的規劃，除了政府與雇主負有照顧責任外，個人年輕時及早做準備亦是不不可忽略的重點，特別是儲蓄習慣的培養與理財投資的規劃。

一、多元共擔型養老保障模式

（一）德國的「勞工保險」

德國自十九世紀便揭開「勞工保險」的序幕，保險成為重要的社會福利舉措。使推動養老保險有所借鏡。目前養老保險金的來源，主要是投保者及其所在職場繳納的保險金，小部分來自政府提供的財政補貼。德國的養老保險實行的是「多繳費，多受益」的原則。因此，在計算養老金時有兩個最重要因素：薪資高低和投保時間的長短。一九九二年改革後，養老金的支出較以前靈活，除了允許提前支取外，還允許部分支取，即支取三分之一、二分之一或三分之二。支取養老金愈少，支取者被允許參加工作的程度也就愈大，其目的是鼓勵人們延長工作時間，少領取養老金，以利養老金的

積存，從容對應老化社會的保障。

（二）美國的養老金制度

美國養老金有政府退休金、基本養老金、福利養老金和儲蓄養老金等四種形式。

（三）日本的養老金保險制度

日本社會學家藤田孝典為了如實表達日本高齡者貧窮現況，創造了一個詞彙—「下流老人」。「下流」指的是比中流階級還貧窮的低所得層，亦即「下流階級」，並沒有瞧不起或歧視長者的意思。藤田孝典將下流老人定義為「過著及有可能過著相當於生活保護基準生活的高齡者」，簡單說，就是難以過著國家訂定的「最低限度的健康且有文化生活」的高齡者。他觀察發現，下流老人有三個具體指標：收入極低、沒有足夠的存款、沒有可以依賴的人（社會性孤立）。有幾種典型模式會導致淪落貧窮生活，包括因為疾病或意外而支付高額醫療費、無法入住高齡者照護設施、子女因為工作貧窮或身為繭居族（逃避社會、足不出戶）而依靠父母、熟年離婚、罹患失智症沒有可依賴的家人等。

日本的養老金保險制度是社會安全制度的核心，主要包括退休金、傷病養老金和家屬撫恤金等三方面的內容。在現行的養老金保險制度體系中，既有政府承辦的公共養老金，也有企業主辦的企業養老金，還有個人自行投保的個人養

表3－3：美國的養老金制度簡表

項目	內涵
政府退休金	是由政府向各級政府退休人員提供，政府退休金較為豐厚，領取者大體上可以維持其退休前的生活水準。
基本養老金	是由政府向六十五歲以上的美國老年人提供。這部分養老金的發放標準是：如果退休者退休前的收入在平均水準以上，其退休後每月領取的基本養老金約為其原收入的百分之四十二；可維持中度生活水平。基本養老金是通過徵收社會安全稅獲取的。社會安全稅率為雇員工資額的百分之十五‧三，其中雇員繳納百分之七‧六五，另外百分之七‧六五由雇主繳納。私營業和農民則繳納其收入的百分之十五‧三，因為他們既是雇主，又是雇員。
福利養老金	是大企業的雇主向雇員提供的，完全由雇主出資。
儲蓄養老金	是中小企業雇主向雇員提供的，其原則是自願參加的，資金由雇主和雇員各出一半。

（資料來源：作者整理）

老金。

　　公共養老金根據加入者的職業，分為厚生養老金、國民養老金和共濟養老金等三種：

表3－4：日本的養老金制度簡表

項目	內涵
厚生養老金	建立於一九四二年，目前與國民養老金一起構成日本養老金保險制度的重要組成部分。厚生養老金保險以日本政府為保險人。原則規定，凡長年雇用從業人員（五人以上）的事務所和法人事務所均適用該項保險。由這類事務所雇用的六十五歲以下的職工可成為該保險的被保險人。
國民養老金	是根據一九五九年《國民養老金法》設立的，它是指農民、自營者和其他公共年金未包括的人員，一般要繳納保險費。一九八六年日本將國民養老金改為向全體國民支付的基礎養老金，對在國家及企業單位供職的人則另外再實施厚生養老金制度，形成了以全體國民為對象的基礎養老金制度。
共濟養老金	是以國家公務員、地方公務員、私立學校教職員和農林漁業團體職員等薪資收入者為參加對象的共濟組合養老金。在養老金基金的運用方面，根據有關法律規定，養老金基金必須全部委託給大藏省基金運用部，納入國家財政投融資計畫統一管理使用。

（資料來源：作者整理）

其中，國民養老金保險以日本政府為保險人，被保險人共分三類：

第一類為二十歲以上六十歲以下的自營業者；

第二類為厚生養老金保險的被保人；

第三類為厚生養老金保險被保險人扶養的二十歲以上六十歲以下的配偶；國民養老金保險的資金來源是政府的基礎

養老金撥款和被保險人的保險費。

　　上述多元共擔型養老保障模式是屬於自保公助型養老保障制度，主要實行於德、美、日等福利先進化國家。它強調養老保險是個人的事，國家只能與以部分資助。老年經濟安全保障制度的運作是一個動態的過程，會隨著環境的變化而有所不同，而其中亦潛存著諸多的風險因素，如人口結構的變化、經濟成長的榮枯、政治的安定與否、政治人物的選舉承諾、行政運作的效率及個人的不確定因素等，而其中又以人口因素影響最大，因為個人退休金的提撥不論採用何種計算方式，都與世代間人口結構的變化有密切的關係。而多元共擔型養老保障模式的特徵，主要有下列三種：

1. 政府制定並通過有關立法，作為其具體實施的法律依據。
2. 以自我保險為主，國家資助為輔，公民個人繳納養老保險金，企業為雇員繳納社會保險金，政府福利機構依法撥款和發放。
3. 保險制度具有一定的強制性。公民只有在履行繳納養老保險金的義務，取得享受這一制度的資格後，才能領取養老保險。

二、多層次保障型養老保障模式

　　隨著公共衛生改善及社會的進步，現代的人愈來愈長壽，預期壽命的延長相對老年退休保障制度需要更周全的設

計。瑞士的社會保險由所謂「三重支柱」支撐，即聯邦社會保險、職業互助金、個人保險儲金。

表3－5：瑞士社會保險的多重支持方案

項目	特點
聯邦 社會保險	亦稱公共保險，即政府直接經營的全體成員必須參加的一種強制性社會保險。聯邦社會保險的責任主體是聯邦政府、雇主、雇員和州政府。所有就業者都必須依照政府規定的同一比例向聯邦政府繳納保險金。按同一比例繳納時，所有投保人得到的數額相等，帶有財富重新分配的色彩，但卻保證了社會的穩定。聯邦社會保險的收支方式為現收現付式，即當年收入用於當年支出。收不抵支時，聯邦政府一般要拿出財政收入的百分之二十左右的資金來抵補。
職業 互助金	是聯邦社會保險的補充，這是所有雇主與雇員都必須遵守的一種強制性社會保險。其功能是保證受薪人員在老、死、殘等情況下，還能（包括：死者親屬）維持比基本生活更高一些的生活水準。職業互助金所保障的對象是雇員，而保險金由雇主與雇員共同承擔。雇主按政府規定的百分比（目前是百分之六），從雇員的薪資中扣除，同時再替雇員繳上同樣數額資金，一併繳交到指定的保險機構。實際上一半是雇主向雇員提供的保障，一半是個人自薪資中扣繳，以履行自我保險的責任。職業互助金實際上是一種養老、死亡和傷殘補充保險。
個人 保險儲金	是根據個人經濟能力和意願採取的非強制性的保險的措施，是對上述兩重支助的補充。

（資料來源：作者整理）

　　瑞士社會保險的「三重支柱」模式具有的特色：一是，在多主體的責任結構中強化個人的責任，將個人作為保險的最大主體；二是，多方集資，多層次的保障。此外，採用這種模式的國家，還有法國、韓國、巴西等大多數市場經濟較發達的國家。是實施範圍較廣的一種社會保險模式。其主要特點是：

表3－6：瑞士社會保險的特點

項目	特點
實施對象	貫徹「選擇性」原則，實施範圍主要是勞動者；
保險內涵	社會保險待遇與個人收入、繳費年限相關，分配有利於低收入者；
實施原則	實行「自保公助」，社會保險費用由個人、企業、政府三方面或兩方負擔，強調個人繳費；
養老待遇	養老待遇水準低主要取決於本人在職時的薪資水準和國家規定的養老金替代率水準。

（資料來源：作者整理）

三、國家、企業負擔型養老保障模式

　　此養老保障模式最大特點是一切費用均由國家和企業負擔，例如前蘇聯即採取該制度。但這種社會保險制度，愈來愈不適應現實要求。

四、國家負擔型養老保障模式

在瑞典，退休老年人的收入來源，主要靠養老金。瑞典
的養老金由三部分組成：即基本養老金，附加養老金和部分
養老金。

上述三種養老金的支付都參照一個「基數」，即與物價
升降有關，每年進行調整，基本上不受通貨膨脹的影響。一
般來說，瑞典人領取的養老金相當於其原收入的百分之七
十，但瑞典的養老金必須繳納所得稅。根據法律規定，瑞典
企業單位和國家機關，每年除支付職工薪資外，還得向社會
保險部門交付占職工薪資總額百分之三十七的保險金，其中
百分之二十用於養老金。

瑞典人的養老金來自於雇主稅，雇主稅的增加會影響瑞
典商品在國際市場上的競爭力，不利於經濟的發展。實施這
種模式的國家，還有英國、加拿大、澳大利亞、紐西蘭等，
是實施範疇較大的另一種社會保險模式。其特徵主要是：

1. 養老金支出由國家財政負擔，公民個人不繳納或繳納
   低標準的養老保險費；
2. 貫徹「普遍性」原則，保險對象涵蓋全體國民，保險
   項目多，包括「從搖籃到墳墓」的各種生活需要，保
   障水準也較高；
3. 保險費用主要來自國家稅收，實行「現收現付」

表3－7：瑞典養老金的組成特點

項目	特點
基本養老金	對所有六十五歲以上的瑞典公民（包括從未參加過工作的家庭婦女）提供，根據瑞典全國退休金法案規定，所有六十五歲以上的公民，均可按月從地方社會保險部門領取一定數額的養老金，且不論他們退休前的收入水準如何。
附加養老金	是為所有退休者提供。退休者退休前工齡有長有短，原收入有高有低，因而得到的附加養老金有多有少。一般是以過去三十年中收入最高的十五年進行計算。
部分養老金	是指年滿六十歲的人可以要求減少工作時間，並能領取因工時縮短而減少的收入補貼。

（資料來源：作者整理）

方式；

4. 即當年徵收的稅收，用於支付當年的社會保險開支，沒有積累。福利型的社會保險制度，發揮保障生活的作用，但是高福利、高消費，也造成了福利費用開支太大，國家財政不堪重負，難以為繼。

五、企業、個人負擔型養老保障模式

　　新加坡的中央公積金制度是在經濟起飛階段，根據自己的國情和社會經濟目標建立起來的，是一種獨特的、有效的養老保障制度，並得到了全社會和國民的認可。中央公積金

制度於一九五五年建立，它是一項為新加坡受薪人員而設立
的養老儲蓄基金，是一項強制性的儲蓄計畫。其主要目的
是，為職員提供足夠的儲蓄，以便在退休後或者喪失工作能
力時有所依靠。在新加坡，每個就業者無論其受雇單位的性
質，都在公積金擁有專戶，每月要向公積金繳交一定比例的
個人薪資。會員年滿五十五歲或永遠離開新加坡時，就可提
走全部公積金存款，存款享有與市場利率連結的利息。新加
坡的中央公積金制度中有很大一部分來自於企業，它規定凡
是年齡在五十五歲以下的雇員，其公積金的徵繳率為日工資
的百分之四十；五十五至五十九歲的徵繳率為百分之二十
五；六十至六十四歲徵繳率為日工資的百分之十五；六十五
歲以上徵繳率為百分之十。在這些百分比中，雇主和雇員各
承擔一半，即百分之二十、百分之十二‧五、百分之七‧
五、百分之五。

　　新加坡公積金實施全國統一管理，因此，建立了中央公
積金局，統一管理和使用公積金儲蓄，還制定了《中央公積
金法》，以保護公積金會員的合法權益，規範管理、使用公
積金儲蓄的行為。雇主和雇員都必須按時繳交公積金，雇員
的公積金儲蓄由雇主根據繳交率扣除，連同雇主應繳交的金
額，一起存入公積金局的會員帳戶。由於預見到人口迅速老
化和平均壽命延長的趨勢，從一九八七年開始實行公積金最
低存款計畫，規定會員在五十五歲領取公積金存款時，必須
把一筆錢留在退休戶口中，以保障晚年的生活。

　　新加坡的這種以儲蓄基金制為主體的養老保障制度，節省了大量的財政開支，抑制了消費膨脹，增加了社會積累，有利於增強國家的經濟實力，有利於企業開展平等競爭和激勵職工的生產積極性。

　　有鑑於許多工業化國家因人口結構的改變，人口老化的加速、衛生保健的改善、平均壽命的延長，以及少子女化現象等諸因素的影響，導致全球性退休危機與年金財務的日趨惡化，促使老年經濟保障體系的建構與個人退休規劃的需求益形重要及其急迫性。世界銀行（the World Bank）為解決老年所得保障（Old-Age Income Security）問題，於一九九四年在「避免老年危機（Averting the Old Age Crisis）」的報告，提出若干看法與建議，並提出所謂三層式保障的建構模式（a Three-Pillar Model），透過再分配（redistribution）、儲蓄（saving）或保險（insurance）等三個功能的發揮，來解決老年貧窮的問題，並透過共同保險（co-insurance）的方式，避免因通貨膨脹、景氣蕭條，以及低投資報酬等風險所導致的所得損失，以達成老年經濟保障的目標。

肆、中低收入老人生活津貼

　　一般而言，老年經濟安全體系可分為：社會保險、社會救助與社會津貼三者。依據世界銀行的建議 （1994），各國政府可透過三層保障的年金制度來解決老年危機問題，意即

藉由：

　　第一層保障「強制性社會安全制度（Mandatory publicly managed pillar）」，包括社會保險、社會救助或社會津貼等方式辦理；

　　第二層保障「任意性員工退休金制度（Mandatory privately managed pillar）」；

　　第三層保障「自願性商業保險儲蓄制度（Voluntary saving pillar）」

　　等三大支柱來解決老年人的經濟風險，用以保障老年經濟安全。社會津貼制度的發展，是由於社會救助制度的局限性以及社會保險制度的不足。另一方面由於經濟需要的擴大，而逐漸發展成社會津貼制度。社會津貼大部分均為普及式免繳費的給付，也稱為人口特性給付（demogrants），具有社會權的意涵，凡符合一定居住期間條件者，即享有津貼的權利。

　　我國自一九九四年度起核發中低收入老人生活津貼，對於家庭總收入每人每月平均未達最低生活費用一・五倍、其家中六十五歲以上老人未接受收容安置者，每人每月發給三千元；一九九四年七月起擴大適用範圍，一・五倍以下者發給六千元，一・五至二倍以下者發給三千元；一九九五年一月起再度擴大發放對象，一・五至二・五倍以下者按月發給三千元。

　　依據《老人福利法》規定「中低收入老人未接受收容安

置者，得申請發給生活津貼。前項中低收入標準、津貼發給標準及辦法，由中央主管機關定之。」由於這項規定，行政院制訂中低收入戶老人生活津貼發給辦法，其中的重點在於：

1. 請領資格限制：符合下列各款規定之老人，得申請發給生活津貼：

   （1）年滿六十五歲者。

   （2）未經政府公費收容安置者。

   （3）家庭總收入按全家人口平均分配，每人每月未超過省（市）政府當年公布最低生活費標準二‧五倍，且未超過台灣地區平均每人每月消費支出一‧五倍者。

   （4）全家人口存款本金及有價證券按面額計算之合計金額未超過一定數額者

   （5）全家人口所有之土地或房屋未逾越合理之居住空間者。

2. 已領有農民福利津貼、身心障礙者生活補助費者，僅得擇一領取；具申請其他政府津貼資格者，其領取本津貼之資格及標準，申中央主管機關召集省（市）政府會商訂定。

3. 發給津貼之標準：

   （1）未達最低生活費一‧五倍者，每月發給新台幣六千元。

（2）達最低生活費一‧五倍以上者，每月發給新台幣三千元。

（3）津貼由直轄市政府社會局、縣（市）政府或鄉（鎮、市、區）公所逕撥匯至申請人帳戶。

（4）依據以上規定，台北市、高雄市及台灣省各縣（市）均訂有補助規定。

4. 台北市中低收入老人生活津貼：

（1）年滿六十五歲，設籍並實際居住台北市。

（2）本人、配偶及其子女家庭總收入平均每人每月未超過台灣地區消費支出一‧五倍且單一人口存款本金不超過二百三十萬（每增一口可增加三十五萬），不動產不超過八百萬元者。

（3）未經政府容安置補助者。

（4）未領有政府提供之其他生活補助或津貼，但本市低收入戶之長者仍可享領本津貼。

5. 新北市中低收入老人生活津貼：

（1）補助對象：

a. 設籍新台市年滿六十五歲。

b. 未接受政府生活補助亦未經公費收容安置。

c. 全家總收入平均分全家人口每月未達最低生活費用二‧五倍（即一萬八千九百九十五元）。

d. 全家存款金額，未達一定標準者（第一人一百四十九萬二百九十一元，第二人起每加一人加

二十二萬七千九百四十元）。

e. 全家人不動產價值未達陸佰伍拾萬元者（土地依公告現值，房屋依課稅現值計）。

（2）補助標準：

a. 未達最低生活費一‧五倍者（即一萬一千三百九十七元）每人每月補助六千元。

b. 未達最低生活費二‧五倍者（即一萬八千九百九十五元），每人每月補助三千元。

伍、結語

日本自二次大戰後從廢墟中創造經濟奇蹟，躋身全球經濟強國，這份輝煌成就竟連續二十年深陷經濟停滯、通貨緊縮的泥沼之中，探究原因，其中之一，即與人口有關。日本的經濟高度發展，醫藥發達，人民又多養生道，因而其平均壽命居於世界前列。另一方面，日本的出生率快速下降，轉為負成長，因而除了勞動力本身的縮減之外，每位勞動者負擔更形增加，形成「生之者寡，食之者眾」的現象，許多活動萎縮，經濟就日益消沉。年金改革（Pension Reform）議題成為廿一世紀所有福利國家中最重要且最迫切的問題。

為因應高齡者世紀的新需求，需要建立有效率而公平的社會安全制度，來解決人口老化問題。高齡者也應如年輕世代一樣參與社會安全制度而負擔其應負的責任。在急速的高

齡化進展當中，為確保世代間的公平，應依其經濟能力負擔其應負的部分的金額，使高齡者與年輕者同樣，作為支持制度的一員，使社會安全制度得以永續維持社會需求。社會安全制度是保障國民生活的一種社會政策，因應家庭的變遷及社會經濟條件的變化，需不斷的調整內涵，以期能依時代潮流促使國民過著有尊嚴的生活。

附錄

● 「老年農民福利津貼暫行條例」
請參閱行政院勞動部勞工保險局全球資訊網
http://www.bli.gov.tw/sub.
aspx?a=ChkpvPgAnjY%3D

● 「中低收入老人生活津貼發給辦法」
請參閱衛生福利部社會及家庭署老人福利網站
http://sowf.moi.gov.tw/04/02/02.htm

第四章
國民年金政策與立法

壹、前言

　　經濟發展水準的高低是促進或限制社會工作發展的主要因素之一。對於老年社會工作來說，尤其如此。因為，老年社會工作致力的目標就是要幫助那些需要救助和服務的老年人走出困境，擺脫貧困，與其他社會群體一起分享新的社會資源。老年人社會工作的經濟支持有兩個來源：一是政府，二是民間團體；其中絕大部分資金來源於政府。因此，經濟比較發達的國家，老年社會工作應發展得較為完善一些；經濟比較落後的國家，老年社會工作則發展緩慢。然而，經濟發展只是老年社會工作發展的一個前提，而不是一個充分必要條件。在一個經濟落後的國家，如果老年社會工作有強大的民眾基礎和社會政策支持，仍可完善的發展。

　　臺灣地區已邁入聯合國世界衛生組織所稱之高齡社會，人口老化速度遠高於歐美國家。另外，平均餘命逐年增加，國民對於老年生活需求，以經濟安全保障為首要考量。加上

我國近年來快速的社會發展，家庭扶持老人的傳統功能漸趨
式微，因此提供老年國民生活的經濟安全保障，已成為我國
社會安全體系中重要的一環。

貳、國民年金的意義

隨著醫藥與治療的進步，國人平均壽命延長，老化程度
越來越高。由老年所導致的無勞動能力是一種確定的和不可
避免的風險。在面對就業環境高度競爭、與薪資水準有限的
狀況下，必須要為「現在」與「未來」做更細緻的規劃。而
就「對未來的規劃」中，國民年金就更顯得重要。與失業或
傷殘保險相比，養老保險是絕大多數的勞動者都需要的。在
人口高齡化或人類壽命不斷延長的條件下，需要獲得養老保
險的勞動者更是與日俱增。根據世界銀行（World Bank）對
老年經濟安全保障制度的規劃，其將老年經濟安全保障建構
出三層保障體系：（World Bank, 1994）

第一支柱是包括資產調查方式提供年金，主要採隨收隨
付制，財源來自稅收，是為強制性公營層次，以稅收為主要
財源，故具有達到所得重分配之目的。

第二支柱的保障為強制性職業年金或個人儲蓄帳戶，採
完全提存準備的確定提撥制，功能為強制儲蓄。其形式包括
社會救助、普及式定額年金、就業相關定額年金。採強制性
民營層次，故可採民營之完全提存準備制，同時具有強迫個

人儲蓄的效果。

　　第三支柱則為自願性職業年金、商業年金或個人儲蓄，功能為自願儲蓄。屬於自願性質，其型態包括購買個人所需的年金保險，或由企業提供之員工退休金計畫，主要在加強個人對退休準備的憂患意識。

　　所謂的「年金」泛指「按年給付的一種保險」，是強調「互助精神」的一種制度。就是「有錢人幫助低收入者」、「健康的幫助生病的」。考量生涯中「人有旦夕禍福」，每個人都會生病，也都可能面臨失業和經濟危機，所以保險是每個人都有可能會使用到的。一般說來年金的種類包括遺屬年金，殘障年金和國民年金等三種。第一項年金是投保人過世後，由受益人（家屬）按年領取保險給付，第二項和第三項則是本人因為殘障或年老而按年領取的給付。易言之，繳費的「義務」和享受給付的「權利」關係，相當清楚。

　　老年保險金的基本意思是，勞動者在年輕能工作的時候向這個制度交錢，以後帶他們年紀大了不能工作或不願意工作而退休的時候，每個月仍有收入。所謂的「津貼」，是不用事先繳交保費，而由政府編列預算統一支付。津貼可以是兒童津貼、家庭津貼，也可能是婦女、殘障或老年津貼等等，強調給予對象的是「符合資格」，不必先繳交保費，所以「權利」與「義務」關係較不對等。

　　國民年金係是一種定期或長期繼續支付的現金給付，給付受益人可以每年、每半年、每季、每月或每週領取。國民

年金是基礎年金的一環，提供沒有任何社會保險保障的國民遭逢生、老、死、殘時的基本經濟保障，而為了滿足此一保障，政府在財政上提供了大量的補貼。例如保費的補助、以及給付上的優待。在面對人生的重大風險時，提供相關的給付，使生活不致立即陷入困境，例如身障年金、喪葬給付和遺屬年金。對於暫時或長期無法投入職場的人來說，面臨到許多不可預知的風險。國民年金保險成為國人防範人生風險強而有力的防線。同時，為照顧較弱勢的民眾，避免所領老年給付因通貨膨脹而縮水不敷使用，國民年金法定有隨物價指數調整的機制，這對退休生活是很重要的保障。另外，國民年金的財務，依法由政府負最後支付責任，政府必要永續經營。

　　國民年金主要納保對象係未參加勞保、農保、公教保、軍保之二十五歲以上未滿六十五歲國民，給付項目包括老年年金、身心障礙年金、遺屬年金及喪葬給付等，並整合敬老津貼及原住民敬老津貼，提供未能於相關社會保險獲得適足保障之國民，於老年及發生身心障礙時之基本經濟安全，及其遺屬生活之安定，使我國之社會安全網得以全面性建構，落實全民照顧之理念。

　　國民年金的分類，大致如下：

表4-1：國民年金的分類簡表

項目	特點
依保障程度	區分為基礎年金（basic pension）與附加年金（additional pension）。
依保險事故	區分為老年年金、身心障礙年金以及遺屬年金。
依財務處理	區分為現收現付制、完全提存準備制以及部分準備提存制。
依財源籌措	區分為稅收制、社會保險制以及公積金制。

（資料來源：作者整理）

　　當家庭不能承擔贍養老年人的全部責任，從而要求國家、集體和家庭來共同承擔贍養老年人的責任。因此，在規劃國民年金制度時，需要加以考量社會環境、辦理理念、國民需求、政策目的等因素。世界銀行與國際勞工組織在老年經濟安全保障層級的規劃，雖然在層級設計上有所不同，但仍不脫結合公共年金與私人年金制度，輔以社會救助制度，以提供老年人較完備的經濟安全保障。

　　德國是全球第一個開辦社會保險的國度，成為許多國家的借鑑，該國養老保險金的來源，主要是投保者及其所在企業交納的保險金，小部分來自政府提供的財政補貼。德國的養老保險實行的是「多繳費，多受益」的原則。因此，在計算養老金時有兩個最重要因素：工資高低和投保時間的長

表4－2：老年經濟安全保障層級

類別	世界銀行概念	國際勞工組織概念
第一層	以稅收為財源，現收現付提供年金給經濟弱勢者。	以稅收為財源，消除貧窮為目的之基礎年金。
第二層	強制性職業年金或個人儲蓄帳戶，採確定提撥制。	企業責任為主軸之強制性職業年金。
第三層	——	強制性個人帳戶制。
第四層	自願性職業年金、商業年金或個人儲蓄	自願性個人帳戶制

（資料來源：許道然、劉見祥、蔡紹南，2004，p.267。）

短。一九九二年改革後，養老金的支出較以前靈活，除了允許提前支取外，還允許部分支取，即支取三分之一、二分之一或三分之二。支取養老金越少，支取者被允許參加工作的程度也就越大，其目的是鼓勵人們延長工作時間，少領取養老金。

　　我國隨著平均壽命延長，出生率下降，老年人的人數和比例呈現顯著成長，已邁入聯合國世界衛生組織所稱的高齡社會，而隨著社會變遷與家庭結構改變，家庭扶持老人之傳統功能漸趨式微，子女供養老人比例逐年下降，因此提供國民老年生活的經濟安全保障，已成為我國社會安全體系中重要之一環。

參、國民年金政策的推動

　　社會資源的分配大致要歷經兩個過程：第一個過程是初次分配，以薪資的形式補償勞動者的勞動支出，即勞動者直接或取勞動報酬；第二個過程是社會再分配，就是對不直接參與生產過程和收入不足以維持一定生活水準的社會成員給以一定的救助。社會保障屬於後一個過程。建立和健全老年社會保障是對他們過去所做的貢獻的肯定，充分體現了社會的公平，也體現了社會的人道主義的精神。臺灣的人口老化與家庭功能的式微，使得過去家庭擔負養老的主要功能快速地在轉變中；換言之，養兒不再能夠防老。此外，我國現行的經濟安全制度，呈現社會福利階層化的現象。臺灣的經濟安全制度是以職業分立逐步擴展建立的，不同職業退休後的老年經濟安全有別。最優渥者為公務人員、軍人，具有保險以及退休撫卹制度的雙重保障；其次為勞工，透過勞保以及《勞基法》的退休金提撥制度或勞工退休條件加以保障，但所得替代率未若公務人員；再其次為農民，無老年退休撫卹制度，僅能依賴社會津貼；最後則是未納入社會保險的家庭主婦、自雇者、學生以及失業者，這些最弱勢的國民，只能靠自己、家庭。然而，一旦家庭式微且風險（如：殘障）發生時，政府又未擔負任何經濟安全之角色，其生活將無以憑藉。為此，經歷了十四年的規劃與送審，社會福利團體長期念茲在茲的「國民年金法」終於在二〇〇七年七月二十日立

院三讀通過，將原有社會保險制度之外的國民老年生活，納入國民年金的保障之中。

　　國民年金的開辦使我國的社會安全網得以全面性建構，補足了以往社會保險制度的缺口，讓台灣邁入全民保險的時代，落實政府全民照顧的理念。而採行「年金」方式辦理，不僅可以避免一次給付後，因資金運用不當所發生的損失，此外，年金制度有配合物價指數調整投保金額（投保金額為計算年金給付的基礎）的設計，可以避免因通貨膨脹造成給付縮水，以確實保障年金給付對象的生活需要。檢視社會對於國民年金的期待，主要有下列各項：

表4－3：國民年金的功能簡表

項目	特點
發揮社會安全功能	社會保險制度提供被保險人在遭遇死亡事故時，其家屬最基本的經濟安全保障，那麼當災變來臨時，政府及社會大眾就不用付出這麼龐大的代價，僅需運用社會救助制度來彌補其給付不足之處，以落實社會安全目標。
實踐老有所養機能	國民年金制度開辦，當被保險人遭遇死亡事故時，家屬不僅可以領取喪葬津貼，亦可獲得遺囑年金維持其往後的基本經濟生活。
減輕政府財政負擔	依據經建會對政府財務需求的總評估，如未開辦國民年金，現行發放的中低收入戶老人生活津貼及老農津貼將隨老年人口增加而膨脹。國民年金開辦，短期雖有保費補助及津貼雙重負擔，但長期可減輕政府對保障國民經濟安全所增加之財務負擔。

項目	特點
保障社會弱勢族群	社會安全機制以全民基本生活為範疇，尤其屬弱勢族群納入保障之列，以現今社會實況，婦女的勞動參與率僅約百分之五十，大多數的婦女仍為家庭主婦，她們沒有勞保、公保的保障，當她們進入老年時，生活常陷入困境，而不能累積足夠的經濟保障，國民年金則可以提供女性，特別是老年生活的基本保障。

（資料來源：作者整理）

從國際發展趨勢來看，當整個世界逐漸形成一個「地球村」，一方面經濟競爭日益激烈，強勢者可以脫穎而出，並享有富裕的生活水準，此時政府規劃一套社會福利政策，照顧弱勢者的生存權利，以平衡內部利益的衝突，防止不同階層尖銳的對立，維繫社會的穩定發展，確屬必要。國民年金制度為百年事業，所涉及範圍甚廣，涵蓋社會福利、財政、經濟、保險及精算，對於政府長期財政分配及國家總體經濟有著重要的影響。且國民年金之規劃，關係現行公保、勞保老年給付及規劃中農民健康保險業務之變革與調整，所以必須多方考量，方得圓滿。

肆、國民年金法內容簡述

《國民年金法》歷經十餘年的積極規劃，除參酌我國國

情及先進國家年金制度實施經驗，並廣納各界建言及不斷整合分岐意見，終於二〇〇七年七月二十日經立法院三讀通過，並於二〇〇八年十月一日起開始施行。國民年金採社會保險方式，由中央主管機關內政部委託勞工保險局辦理，並設監理會負責業務監督及審議保險爭議事項。國民年金原規劃將農民一併納入參加國保，惟為確保農保被保險人權益不會因為國民年金開辦而受到影響，爰於二〇〇八年七月修法刪除農保被保險人納入國民年金之規定，因此，農民仍可繼續加保農保，相關的喪葬、殘廢、生育等給付也依照原有的制度。農、漁民如符合老農津貼請領資格，仍可繼續申領老農津貼。

國民年金採「社會保險制（social insurance model）」，每人每月繳交六百七十四元（每二年費用增加百分之〇‧五），繳滿四十年後，每月可領取九千餘元全額年金，一直領到死亡為止，《國民年金法》規定：年滿二十五歲至未滿六十五歲，未參加軍公教、勞保，且未領取相關社會保險老年給付者，都必須加保。但國民年金採柔性強制加保，不加保沒有罰則，只是不能享受國民年金的保障。國民年金第一年保險費費率採基本工資的百分之六‧五計算，由政府負擔四成，民眾負擔六成，因此民眾每月繳交六百七十四元，隨後每兩年保費將提高百分之〇‧五，上限為百分之十二。國民年金給付標準也會隨消費者物價指數成長率調整月投保金額。《國民年金法》，主要重點有：

一、立法旨意

　　為確保未能於相關社會保險獲得適足保障之國民，於老年及發生身心障礙時之基本經濟安全，並謀其遺屬生活之安定，特制定本法。國民年金保險之保險事故，分為老年、身心障礙及死亡三種。被保險人在保險有效期間發生保險事故時，分別給與老年年金給付、身心障礙年金給付、喪葬給付及遺屬年金給付。

二、領受金額

　　若以廿五歲納保，四十年期間，共繳納保費五十一萬五千零八十二元，六十五歲以後，每月可領取九千餘元。以六十五歲的國人平均餘命十七年達八十二歲計算，共可領取一百八十三萬三千零六十二元。若加入國民年金時已超過二十五歲，必須以另外的公式計算，每月可領取（一萬七千二百八十元×百分之〇‧六五×保險年資＋三千元）。以開辦時年齡四十歲為例，繳二十五年保費，共負擔二十九萬餘元，但六十五歲以後，每月可領取五千八百零八元。

三、實施對象

　　主要保障未加入社會保險者。自開辦後，年滿二十五歲、未滿六十五歲，在國內設有戶籍的國民，如未領取公教保養老給付、軍保退伍給付，且符合下列情形之一者，在未

參加勞保、農保、公教保或軍保的期間，應參加國民年金保險為被保險人：

1. 未曾領取勞保老年給付者；
2. 在二〇〇九年一月一日勞保年金制度實施前，已領取勞保老年給付者；
3. 在二〇〇九年一月一日勞保年金制度實施以後，至國民年金法施行後十五年內，領取勞保老年給付，且勞保年資未達十五年者。國民年金保險採柔性強制加保，退保後又重新加保，年資得併計。國民年金也同時放寬原有敬老津貼的排富條件，請領敬老津貼原規定個人土地及房屋價值不得超過五百萬元。未來請領老年保證年金者，將放寬計算，若土地編為公共設施保留地，或屬於個人所有且實際居住的唯一房屋都可排除。

四、保險效力

1. 國民年金保險效力，從符合加保資格的當日零時開始，到喪失加保資格的前一日二十四時停止；但被保險人如果死亡，則至其死亡當日終止。
2. 被保險人於勞保、農保、公教保、軍保之加保、退保當月，如非全月加保，則當月未參加勞保、農保、公教保及軍保期間，均應參加國民年金。
3. 國民年金保險不設投保單位，直接以被保險人為對

象，由勞保局向各相關主管機關索取資料，將符合加保資格者逕予納保、主動計算保險費及寄發繳款單；被保險人無須辦理加、退保手續，俟收到保險費繳款單後，再於繳款單所載之期限內繳納。

五、制度整合

《國民年金法》未來將以銜接勞保年金制度為目標，並整合老農津貼、敬老津貼、原住民敬老津貼、中低收入戶老人津貼四大津貼，津貼將逐漸落日，可減輕政府財政負擔。同時，為能保障現有請領相關津貼者權益，提供老年基本保障年金三千元，亦即目前享有敬老津貼的給付權利，依然還是維持不變，藉此讓老年的經濟安全保障得以走向建制化。

六、保險費率

政府負擔四成保險金，國民年金開辦第一年保險費率為百分之六・五，隨後每兩年保費將提高百分之〇・五，上限為百分之十二。為保障弱勢國民，政府對低收入戶、中低收入與身心障礙者提供不同比例補助保費，低收入戶和極重度及重度身心障礙者保費則全額補助。國民年金保險的各種給付中，與繳費年資有關的規定如下：

1. 老年基礎年金的給付資格規定，最少需要繳費滿十年，但國民年金保險開辦時年滿五十五歲的人，因為到六十五歲時無法累積繳費十年，因此採行優惠規

定，其領取年金給付所需繳費年資，是以六十五歲減開辦時的年齡。

2. 遺屬基礎年金給付資格規定，被保險人繳費年資須達保險期間的三分之二以上。

3. 老年基礎年金依繳費年資計算年金給付，原則上繳費滿四十年才可以領到全額年金；但國民年金開辦時已超過二十六歲者，領取全額年金所需繳費年資，同樣採行優惠規定，就是依年齡遞減到年滿四十歲以上時為二十五年。

4. 如果超過六十五歲還在工作並繼續繳納保險費的人，就可以領取較多的延遲給付，原則上繳費年資每多一個月可多得〇‧〇〇五的全額年金。

七、保險年資

1. 保險年資，指被保險人依規定繳納保險費之合計期間；未滿一年者，依實際繳納保險費月數按比例計算。

2. 被保險人應繳納之保險費及利息，未依規定繳納前，不計入保險年資。

3. 被保險人退保後再參加本保險時，其取得之保險年資應予合併計算。

八、國民年金保險的給付項目，可分為下列三大類：

表4－4：國民年金的給付項目簡表

項目	特點
老年基礎年金	被保險人年滿六十五歲，且繳納十年以上的保險費者，依保險年資的長短領取年金給付。
身心障礙年金	被保險人參加保險後，因故造成身心障礙，符合國民年金保險身心障礙基礎年金給付標準表所訂重度或極重度身心障礙等級者，可具請領年金給付。
遺屬基礎年金	被保險人或年金受益人死亡，其遺屬符合一定資格者，可請領配偶年金、母（父）子或孤兒年金。

（資料來源：作者整理）

九、財源籌措

　　國民年金財源籌措來自公益彩券盈餘、提高營業稅徵收率百分之一，以及公務預算等，國民年金保險的財務，由政府負最後支付負責任。

十、喪葬給付

　　國民年金制度也有喪葬給付，投保人死亡，按其月投保金額一次發給五個月喪葬給付，合計約八萬六千四百元。

十一、按月給付

　　我國現行各種社會保險的各項現金給付，都是採用一次給付的方法，而國民年金保險所以要改採按月給付的方式，主要的原因是：

1. 可以提供被保險人本人或其遺屬長期穩定的經濟保障。

2. 年金給付額隨著物價和薪資變動情形加以調整，可以避免通貨膨脹的影響，而得以維持一定的購買力。

3. 避免被保險人領取一次給付，一旦資金運用不當，淪為貧困後，仍須依賴社會救助解決其生活問題。

　　一般而言，繳費年資愈長，老年基礎年金的給付額就愈高。國民年金保險訂有一項基本的給付標準，那就是繳費四十年可以領到全額年金。如果超過全額年金的繳費年資，或超過六十五歲時還繼續參加保險及繳交保險費，都可以領取較多的年金給付。

表4-5：國民年金重要內容一覽表

項目	納保對象及保費
加保對象	1. 年滿二十五歲，未滿六十五歲未參加公教、軍、勞、農保國民且未曾領取公教、軍、勞保老年給付者。 2. 開辦前除勞工保險老年給付外，未領取公教、軍、勞保老年給付，且未滿六十五歲者。 3. 開辦後十五年內領取勞保老年給付，勞保年資未滿十五年，未滿六十五歲，且未領取其他相關社會保險老年給付者。但勞保年金制度實施前請領勞保老年給付者，不受年資之限制。
費率、保費	1. 第1年費率為百分之六·五，每二年調高百分之○·五至上限百分之十二。 2. 月投保金額：以勞保投保薪資第一級（即基本工資）定之，第一年為一萬七千二百八十元。第二年起，消費者物價指數累計成長率達百分之五時，即依該成長率調整之。 3. 第一年保費一千一百二十三元（一千七百二十八零元×百分之六·五），一般被保險人自付六百七十四元（百分之六十），政府補助四百四十九元（百分之四十）。 4. 低收入戶政府全額補助、所得未達一定標準者政府補助百分之五十五或百分之七十（第一年為六百一十八元或七百六十八元）、身心障礙者政府補助百分之五十五至百分之一百（第一年為六百一十八元至一千一百二十三元）。 5. 採柔性強制加保制，未繳保費者不動用強制執行或罰則，惟未繳清保險費及利息者，不予支付保險給付。

項目	納保對象及保費
	6. 發生保險事故一年期間，有保費未繳納情形；或有欠繳保險費期間不計入保險年資情事者，均無法享有三千元或四千元之基本保障優惠。 7. 配偶間，互負連帶繳納之義務。

老年年金給付	
請領條件	1. 老年年金給付：年滿六十五歲之被保險人或曾參加本保險者。 2. 老年基本保證年金：開辦時已年滿六十五歲且符合領取原敬老津貼條件者，按月發給。 3. 原住民給付：年滿五十五歲未滿六十五歲原住民（維持排富條款），改依本法按月發給。
給付標準	1. 老年年金給付：依下列兩公式計算後，擇優發給。 　（1）A＝月投保金額（第一年為一萬七千二百八十元）×百分之〇‧六五×投保年資＋三千元 　（2）B＝月投保金額（第一年為一萬七千二百八十元）×百分之一‧三×投保年資 ◆ 有下列情形者，不得選擇A之計算方式： ① 有欠繳保險費期間不計入保險年資情事。 ② 發生保險事故前一年期間，有保險費未繳納情形。 ③ 領取相關社會福利津貼。 ④ 已領取相關社會保險老年給付。 但以下三種情形仍可選A之計算方式： 　（a）開辦前除勞保老年給付外，未領取軍人保險退伍給付、公教人員保險養老給付者； 　（b）開辦後十五年內領取勞保老年給付且勞保年資未達十五年，且未領取軍人保險退伍給付、公教人員保險養老給付者；

老年年金給付
（c）開辦後至勞保年金制度實施前（二〇〇九年一月一日），領取勞保老年給付且未領取軍人保險退伍給付、公教人員保險養老給付者。 2. 老年基本保證年金：三千元。

身心障礙年金給付	
請領條件	1. 身心障礙年金：加保期間致重度以上身心障礙，且經評估無工作能力者。 2. 身心障礙基本保證年金：加保前已重度以上身心障礙且經評估無工作能力者。
給付標準	1. 身心障礙年金：月投保金額（第一年為一萬七千二百八十元）×投保年資×百分之一‧三（基本保障四千元）。 2. 身心障礙基本保證年金：四千元（需符合排富條款者）。

遺屬年金給付	
請領條件	被保險人死亡，或領取身心障礙或老年年金期間死亡時，配偶與子女等相關家屬可請領。 1. 配偶：年滿五十五歲且婚姻關係存續一年以上。但有下列情形者，不在此限：（1）無謀生能力；或（2）扶養以下之子女者：未成年或無謀生能力或二十五歲以下在學且每月收入未超過其領取遺屬年金時之月投保金額。 2. 配偶：年滿四十五歲且婚姻關係存續一年以上，且每月收入未超過其領取遺屬年金時之月投保金額。 3. 子女（養子女須有收養關係六個月以上）：（1）未成年；或（2）無謀生能力；或（3）二十五歲以下在學且每月收入未超過其領取遺屬年金時之月投保金額。

遺屬年金給付	
請領條件	4. 父母及祖父母：年滿五十五歲且每月收入未超過其領取遺屬年金時之月投保金額。 5. 孫子女（應受被保險人扶養）：（1）未成年；或（2）無謀生能力；或（3）二十五歲以下在學且每月收入未超過其領取遺屬年金時之月投保金額。 6. 兄弟、姊妹（應受被保險人扶養）：（1）未成年；或（2）無謀生能力；或（3）五十五歲以上且每月收入未超過其領取遺屬年金時之月投保金額。
給付順序	1. 配偶及子女。 2. 父母。 3. 祖父母。 4. 孫子女。 5. 兄弟、姊妹。 ◆ 前項所定當序受領遺屬年金對象存在時，後順序之遺屬不得請領。當序遺屬於請領後死亡或喪失請領條件時，亦同。
給付標準	1. 被保險人於加保期間死亡：年資每滿一年，按其月投保金額百分之一‧三發給。即月投保金額（第一年為一萬七千二百八十元）×投保年資×百分之一‧三（基本保障三千元）。 2. 被保險人於領取身障或老年年金給付期間死亡：按被保險人原領身障或老年年金金額之半數發給（基本保障三千元）。 ◆ 同一順序之遺屬有二人以上時，每多一人，加發遺屬年金給付標準之百分之二十五，最多計至百分之五十。

喪葬給付	
請領條件	被保險人死亡。
給付標準	依月投保金額一次發給五個月喪葬給付。 即月投保金額（第一年為一萬七千二百八十元）×五月＝八萬六千四百元。

財源籌措	
財源	1. 供國民年金之用之公益彩券盈餘（截至九十七年六月累積三百六十五億元）。 2. 如有不足，則提高營業稅徵收率百分之一挹注（預估每年約有三百六十億元）。 3. 必要時，由中央主管機關按年度編列預算支應。

（資料來源：作者整理）

表4－6：國民年金給付試算表　單位：元

加保年齡	自付保費總額（加保年資）	月領金額	可領總額
60歲	42,924（5年）	3,562	726,566
50歲	151,788（15年）	4,685	955,566
40歲	291,133（25年）	5,808	1,184,832
30歲	440,433（35年）	7,862	1,603,903
25歲	515,081（40年）	8,986	1,833,062

（資料來源：作者整理）

伍、結語

　　國民年金是一種社會保險制度，以全體國民為保險對象，目的是提供民眾生活上的保障。當民眾遭遇老年、殘障或死亡時，國民年金提供定期性繼續給付，以保障本人或其遺屬的生活。任何政府必定面臨人民在相互比較下不斷增加的福利需求，唯有致力實現公平正義理想，充分滿足民眾的需要，才能受到廣泛的支持。從這個角度來看，國民年金制度既可免除國民經濟不安全的恐懼，奠定國民多層次經濟保障的基礎，實踐「老有所終、鰥寡孤獨廢疾者皆有所養」的目標。社會之所以高度重視國民年金制度的建立，主要著眼於以下三項考量：

　　第一，隨著經濟成長、生活條件改善，高齡人口比例快速成長，政府必須為老年經濟保障預為綢繆。

　　其次，由於社會變遷快速，家庭成員互相扶持功能日趨薄弱，依賴個人自有收入作為經濟來源比例日增，政府有必要建立一套制度確保全民維持生計；

　　再次，原有社會保障體系尚未完備，也不盡公平，包括部分國民迄今尚未享有老年保障，軍、公、勞保老年一次給付因運用不當產生經濟不安問題，以及社會津貼資格寬鬆，既增加政府負擔，未享有者也紛紛要求比照，凡此都是需要解決的課題。

　　國民年金係採定期、持續性給付，符合國際潮流及社會

需求之保險制度。加入國民年金後，只要按時繳納保險費，即能獲得給付權益之保障。對個人而言，年輕時預繳保險費，可保障個人老年所得安定；對家庭而言，發生事故時，領取年金給付，可減輕家人負擔；對社會來說，可發揮自助互助精神，解決老年經濟問題，保障社會和諧安寧。

附錄

●「國民年金法」請參閱行政院勞動部勞工保險網站 http://www.bli.gov.tw/sub.aspx?a=0qemOin%2bUD0%3d

第三篇

醫療保健

第五章
老人醫療保健

壹、前言

　　快速增加的高齡人口，加上疾病型態的慢性化，社會變遷削弱家庭照護的功能，使得國人對醫療保障的需求遽增。慢性病老人之照護應結合社區資源，其服務內容應包括早期發現問題及提供預防性、連續性之照護；同時，此種照護應普及每位國民。我國健康保險制度，已達全民納保的實況，另針對無力繳交保費的弱勢民眾亦提供保費補助措施或紓困貸款，保障其接受醫療照護之權利。惟受到國內人口老化，擴大健保給付範圍、長期照護需求成長及提升醫療品質等因素影響，我國應付醫療費用亦持續成長，允宜積極研擬各項財務平衡措施，以確保健保制度永續經營，提供全民健康照護之保障。同時政府也配合建立了區域醫療網，及分級醫療作業制度，以均衡各地區醫療資源發展，使醫療人力及設施能合理成長及充分發揮功能，提升醫療服務品質，讓民眾有需要時，都能在最短時間內得到最適當的醫療服務。

　　政府於一九九五年大力推行全民健保後，強制納保的原則及各種就醫障礙排除的方案，大幅提升了社會大眾就醫的可近性。又，伴隨社會進步、生活型態改變與衛生醫療科技進步同時一般人罹患慢性疾病的情形愈來愈多，對醫療照護之需求增加，且需求的型態也由「治療」轉為「預防保健與治療照護兼具」。

貳、老人健康保健需求

　　人口老化的主要衝擊之一將是醫療需求的大幅成長，因為老年人生理上的改變使他們對疾病的抵抗力普遍降低。根據統計，我國六十五歲以上的老人中有四分之三表示有一種以上慢性病，二分之一至少有兩種以上慢性疾病。老人常見疾病有很多，高血壓、急性腦血管病、心絞痛、急性心肌梗塞、糖尿病及更年期綜合症等。鑑於慢性病的罹病率及盛行率日益升高，傳染病的發生及流行令人措手不及，二者所危及到的健康狀況、生活品質、國家經濟及社會發展。唯有透過促進個人的健康狀況方可延緩此一情況之惡化。老年人的醫療需求遠比成年人高，故老年人之疾病預防與健康促進愈顯重要。正確的生活型態對老人疾病預防甚為重要，定期健康檢查亦有助於早期發現疾病、早期治療。

　　長久以來，社會對於老年人的刻板印象影響至鉅，包括覺得老人是貧窮、伴有疾病、失能、無權、無角色等，是為

負面角色之綜合體。政府對於老人照護的相關制度制訂是扮演相當重要的角色；人口老化對健康及醫療照護、經濟、教育、社會發展及福利…等，將產生全面性的衝擊與影響。為促進高齡人口的身心健康與生活幸福，使高齡人口可以學習付出與經驗分享，充實生活的樂趣與生命的價值，擴展生活領域增進身心健康。

　　老年人的健康問題已成為台灣健康照護政策的重要議題，進而對老年人健康促進的重視。在世界各先進國家中，健康老化（healthy aging）已經成為重要研究議題，除了由專業人員提供醫療服務之外，藉由適當管道來獲取健康資訊不僅是促進個人健康的基本關鍵，同時也是提升老年生活品質的核心基礎。老年人之疾病預防與健康促進的目標在於如何讓疾病造成的傷害減到最低，並能維持身體功能和獨立生活。我國老年疾病預防與健康促進之重點在於教導民眾老人疾病防治相關知識，減少危險因子，進而建立健康生活型態，以維護老年人身體健康並達成功老化之目標。

　　老化是人生必經過程，每個人希望自己的老化過程能順利、圓滿，可保持老年期身體的健康，面對全球性的高齡化社會趨勢，這是人類社會過去未曾經歷的景況，對國家和社會來說，可能需要制訂相關政策與措施來因應各種衍生的問題或出現的需求；對家庭來說，需要思考如何改變照顧者的角色和功能來因應需求；而對老人個人來說，從健康促進和疾病預防也都是急需注意的問題。渥太華宣言 （Ottawa

Charter）有關健康促進的五大行動綱領：發展健康公共政策、創造支持性環境、強調個人技能、重整健康服務、強化社區動力，營造一個正向且支持的環境，以利健康促進行為的持續及達成。健康促進及維護並非一蹴可及，必須是終年累月且持續不斷，在經過一段的長時間之後，方可看到成效。老人健康的生活型態包括：健康飲食及運動、避免不良嗜好、防止意外傷害、預防性健康照護行為（含健康檢查、預防注射、壓力調適、自我實現和建立社會支持網絡等）及避免環境中之危害。

在高齡學習趨勢方面，有關老人疾病的預防與照顧、醫療常識及保健課程備受高齡者關切，是因為參與此類課程的學習能獲得有關健康、醫療與養生的訊息，讓老年人知道如何預防疾病與延緩老化的發生，進而協助其安享健康的老年生活。

高齡化的趨勢，老人保健、老人醫療及健康促進等方面，都是現今受關注的議題，也因社會的進步與經濟的繁榮，人們的生活愈來愈文明，對於身體的保健較以往重視，國人的身心健康在醫療上得到改善，使平均的壽命不斷延長，老年人生活上所面臨的問題，除了社會、經濟、醫藥及生理等方面外，最重要是健康促進行為執行的障礙。國民對於「老化」的認知、想法也會影響到關於老人議題的討論，因此因應這樣的趨勢時，除了要從制度面上改善老人的照護服務，也要從心理層面上去思考如何讓國民能夠健康、快樂

的老化。

因應現今社會邁向高齡化，高齡人口的健康需求日趨增加，為降低高齡人口生活上的依賴程度，提高其自主能力可以活得更健康，也積極找出影響健康促進生活型態的方式，例如：健康的飲食、健康體能與加強社會參與、強調老人預防保健等健康行為，以減少社會負擔、醫療浪費等。健康是人類的基本權利，「健康促進」可有效改善影響健康的決定因素，透過不斷地教育及資訊傳播，藉此來提昇其自我效能，進而矯正不利健康的行為，以達健康促進目的，為人類創造最大的健康效益。

表5-1：健康資訊類別簡表

項目	內容
預防保健	如健康檢查、疾病篩檢、心理衛生、疾病預防等。
養生防老	如老化知識、老年健康、休閒抒壓、安養照護等。
飲食營養	如健康飲食、營養資訊、用餐習慣、保健食品等。
運動健身	各種活化身心機能的運動，如步行、太極拳、瑜珈、氣功等。
疾病治療	疾病藥物資訊和適應資訊，如：疾病知識、治療方法、藥物使用等。
醫院看診	獲取醫療服務所需的資訊，如醫療院所、門診科別和醫療儀器資訊、健保給付等。

（資料來源：作者整理）

隨著時代的進步，健康的追求與維護也有更積極的做法；過去所採用的疾病治療和預防，現在已稍嫌消極了。待之而起，健康促進（Health Promotion）正受到重視，基本上，它是強調當於人們還是相當健康的時候，即設法尋求採行有助於維護和增進健康的生活方式，其中心目標是在於增進每一個人自我照顧的知能及對健康的自我責任。健康促進由個人健康走向社區生活環境的健康，也由威權的健康教育、指導，走向參與者自我學習、組織培力學習機制。

隨著高齡社會長者對健康需求日益殷切，政府積極推動健康維護等工作，顯示我國照顧層面已從醫療照顧延伸至預防層面，一方面開始著重預防保健，以防範需要醫療照護狀態的發生；另一方面亦重視復健服務的優先性，期能改善需要長期照護的狀態。老年人健康資訊能力將是高齡社會中生活品質的重要指標，如何使在地的老年人能夠便利地獲取並運用健康資訊，以增進健康知能、促進健康老化，將是值得政府單位高度重視的議題。

二十一世紀的老年人健康照護目標重點在於「創新」、「整合」與「品質」，更強調健康促進、疾病預防和高危險群管理；適當運用健康資訊可以降低疾病風險，有助於維持個人健康自主；對社會來說，亦可減少醫療照護的龐大負擔，提昇整體生活品質。依疾病自然史與三段五級模式，初段預防主要工作為健康指導和衛生宣導，次段預防為健康檢查、異常個案轉介與追蹤，末段預防為評估、通報、長期照

護轉介及管理。

參、老人醫療保健保障

　　老人福利政策的主要目標應在保障老人的基本生活，使老人增加健康。針對不同健康狀態的老人，提供促進老人醫療及生活福利的醫療保健服務。WHO 渥太華健康促進憲章（1986）揭示：「健康促進是一個過程，經由這個過程使人們能夠控制其健康決定因子，並因而改善他們的健康。」主張健康促進的目的是在於達到人人健康與促進群體健康。在先進國家中，除了對老人提供長期照護和醫療服務外，整體照顧的理念在老人不斷增加的壓力以及照顧的需求下，以此一照顧理念，主宰著老人照顧行動。其中，有關於老人醫療與福利的相關法規中，除上節所介紹的《全民健康保險法》外，《老人福利法》的相關內涵，如表述：

表5－2：老人福利法對老人醫療保健保障內涵簡表

項目	特點
提供醫療照顧需求	提供慢性病老人的醫療照顧需求，例如為照顧罹患長期慢性疾病，且需要醫護服務之老人所設置的「長期照護機構」；為照顧生活自理力缺損，且無技術性護理服務需求之老人設置「養護機構」，提供這類老人醫療照顧服務。
提供所需的持續性照顧	協助因身心受損需他人協助所需之持續性照顧，政府應提供或結合民間資源提供下列居家服務：居家護理、居家照顧、家務服務、友善訪視、電話問安、餐飲服務、居家環境改善等服務。
提供預防保健的需求	每年定期舉辦之老人健康檢查及提供之保健服務，滿足老人健康維護及預防疾病之需求。
提供居家護理	對於罹患長期慢性病且生活自理能力缺損，需專人照顧之中低收入戶老人所給與「特別照顧津貼」。政府對無力負擔醫療費用之老者予以補助參加全民健康保險之保險費、部分負擔費用或保險給付未涵蓋之費用。
保障高齡者醫療需求	醫療院所之門診中以老年病患為最大宗，目前於一般急性醫療服務已廣闢家庭醫學科與慢性疾病相關科，提供老人及時的、專業的急性醫療服務和醫院中的復健醫療服務。首先，要做的是確認「高危險群的老年病患」（那些需要緊急及特殊治療的老人），通常醫療機構透過三種方式來確認病人：定期篩檢、醫師門診檢查和病人基本資料分析。這些並非獨立完成的業務，需要彼此連接通力合作。
健康檢查落實預防保健	於一九九六年四月正式開辦健康檢查，六十五歲以上者可每年免費全身健康檢查一次，以期能做好預防保健工作。國民健康局在一九九九年「國民保健三年計

項目	特點
健康檢查落實預防保健	畫」中推動「社區健康營造」，由各地衛生所或社區中的醫院，再結合社區熱心人士及公益團體，運用民間各種專業資源與力量，推動社區健康事業。同時，培養民眾健康的生活型態，降低罹病及殘障的發生。如果發現社區民眾之主要健康問題，則予以妥善處理。
給付居家照顧服務	今日許多進入高齡化社會的國家，其醫療體制已面臨壓力，而將服務逐漸轉移而回到初級照護、疾病預防和健康促進方面，因為當老年人口增加，疾病類型的改變而形成慢性疾病照護設施的需求更殷，傾向採取花費較少的居家護理，而不是花費較高的醫院。延續公保居家護理試辦服務，全民健保亦提供居家照護服務之給付，而由於健保給付的誘因，居家護理機構是需求甚殷，導致成長之快速。
長期照護的需求	過去公勞農保之住院醫療皆採完全給付，且支付方式為論量計酬制，因此許多自覺尚未痊癒，或擔心返家後無人照顧的病患，便藉故拖延出院時間。全民健保實施採總額預算及部分負擔制，以控制醫療費用的浪費，使得許多病患為了節省住院費用，或需繼續療養照護，改而尋求長期照護服務。在照顧服務業方面，政府近年來相當重視民眾的長期照護需求，陸續實施多項計畫，基本上係以慢性醫療及技術性護理服務為主，如慢性醫院、護理之家、居家照護、日間照護等長期照護機構，並由衛生醫療單位以《醫療法》及《護理人員法》等相關法規予以規範。
提供保險資訊	提供保險資訊為正確掌握被保險人資料，有效管理醫療院所，提高保險行政效率，充分掌握保險有關資訊，以提供保險決策之品質。

（資料來源：作者整理）

　　隨著人口老化、物價上漲、醫療科技進步等因素影響，醫療費用快速成長，在沒有全民健康保險的社會下，傷病所造成的經濟壓力，常成為家庭的負擔與社會的問題，全民健康保險的實施，除對原參加公、勞、農保等被保險人，繼續提供醫療給付外，同時將尚未參加保險的國民納入保險範圍，對於這些特別需要照顧，急需醫療保健服務的民眾，政府經過規劃後，所實施的全民健康保險，將全民的醫療照顧，匯集在單一的體系下，不僅能照顧全體國民，而且是控制費用快速成長，又能兼顧保障醫療品質的良策。

　　全民健保開辦之前，六十五歲以上人口有四成的人口尚未納入任何健康保險，健保開辦之後，老年人口中尚未納保人數逐年減少了。《全民健康保險法》的內涵：

表5－3：全民健康保險法的內涵簡表

項目	特點
基本目標	1. 提供全體國民適當之醫療保健服務，以增進國民健康。 2. 控制醫療費用於合理範圍內。 3. 有效利用醫療保健資源。
實施策略	1. 健康保險，全體國民一律納入，並以社會保險方式控制全民投保，使全體國民獲得基本保障。 2. 國民健康保險與其他社會保險分開，單獨辦理。 3. 保險費以被保險人為單位收繳。 4. 國家總資源分配，以一固定比率為上限，用於醫療費用。

項目	特點
實施策略	5. 在「不浪費」與「不虧損」兩大原則下，醫療給付應採部分負擔，及病人就診時，自己付出部分費用，以提高被保險人之正確成本意識；國民健康保險應立法建立獨自且自給自足之財務制度，財務收支不平衡時，應及時調高保險費，以建立保險財務基礎。 6. 全民健康保險之醫療費用支付制度，宜採單一制度，預設總額預算，使醫療費用可以控制在一個合理的範圍內，提高醫療服務效率，減少浪費。 7. 應加強規劃辦理轉診制度與充實偏遠地區醫療設施，並妥善分配醫療資源於預防保健、治療及復健等。 8. 建全健康保險體制，使全民在自助互助之精神下，公平分攤傷病風險，並增進行政效率。 9. 加強教育宣導工作，期使國民建立正確知識。
保險對象	1. 凡定居台閩地區六個月以上之中華民國國民，除軍人外，一律納入全民健康保險。 2. 保險對象分為被保險人及其眷屬，眷屬除配偶、父母、子女外，並考慮包括專屬被保險人扶養之二親等親屬。應為被保險人，不得以眷屬身份投保。 3. 被保險人分由「職業團體」與「地區團體」投保，應由職業團體投保者，不得由地區團體投保。
保險給付	1. 全民健保對生育，疾病及傷害事故，一律提供醫療給付。 2. 給付項目以現行公勞農保醫療給付為基準，並做適度調整。 3. 有效之預防保健項目納入給付範圍

項目	特點
保險特約醫療機構	1. 醫院急診所採全面開放申請方式，經評鑑合格後特約之。 2. 醫療資源缺乏地區，從寬特約醫療院所，並提高其醫療費用支付標準。
部分負擔	1. 採醫療費用部分負擔制度，以提供被保險人正確成本意識。 2. 被保險人應自行負擔門診費用百分之二十至三十，住院費用百分之十至十五，不依轉診越級就醫者，加重負擔。 3. 低收入戶之部分負擔，由社政機關以醫療費用補助方式全額核退，但越級醫療者不予補助。 4. 生育及經指定之預防保健服務與重大疾病，免除部分負擔。 5. 部分負擔設定上限，其標準為平均每人所得之百分之十。

（資料來源：作者整理）

表5－4：保險費分擔比率

區分	被保險人	眷屬	
		有一定雇主 之被保險人	無一定雇主 之被保險人
職業團 體保險	有一定雇主之被保 險人維持現行辦法	自付百分之五十 雇主百分之五十	自付百分之五十 政府百分之五十
地區團 體保險	高收入者：自付百分之一百		
	一般國民：自付百分之五十 　　　　　政府百分之五十		
	低收入戶：政府百分之一百		

（資料來源：作者整理）

　　在醫療的領域裡，高齡化改變了醫療需求的結構（例如：牙齒保健需求增多了）；在高齡化社會裡老人健康照護和社會服務體系的建構，充實照顧人力和培 訓長期照護人力的重要性屢見在政府實施的方案和計畫中（如：「加強老人安養方案」、「長期照護三年計畫」以及「全方位老人健康照護」），在「老人健康與社會照護」團隊中，主要包括之專業人員有醫師、護理師、社工師、職能治療師、物理治療師、營養師等。同時，發展社區保健志工此一社區中現存的人力資源，除了可協助保健計劃的推展，使其具持續性，亦可影響其本身、家人及親朋好友的健康知識、態度及行為，進而擁有良好的生活型態，而促進健康。

　　健康不再只是身體沒有疾病，更是個人擁有完整的社會功能及完成生命週期中的任務。民眾健康之維護，不能再囿限於治療層面，而社區、家庭、學校、職場，是影響個人價值觀念、生活型態非常重要的集合體，其潛移默化的影響力不容忽視。

　　醫護保健隨著社會需要、環境變遷及科技發展，其扮演的社會角色也有所不同，在現代社會中，醫護保健扮演的角色功能包括提供醫療保健服務、進行臨床教學與醫學研究以及實施區域性的預防保健與衛生教育工作。因為「預防重於治療」，所以醫護保健應該除了現行以治療疾病為工作重心之外，更要積極進行教育社會大眾衛生保健常識、推動健康生活型態、建立安全生活環境、改善社區環境衛生等預防保健的工作。

　　隨著經濟持續發展，國民所得提高，民眾對醫療保健與照顧服務之需求，無論是量或質都有增加的趨勢，尤其高齡化社會的來臨，健康保健不只在於健康維護（第一級預防）和疾病治療（第二級預防），也在於高齡者需要的照顧（第三級預防）。除了上述老人常見疾病外，對於臨終關懷也是非常重要的心理保健需求，以下就心理護理、生活護理及哀傷輔導等，加以說明：

表5－5：臨終關懷的內涵簡表

項目	特徵	作為
心理護理	死亡感是老年人最大的心理疾病之一。對絕大多數由於疾病而死亡者來說，從瀕臨死亡到死亡之間心理上一般要經歷拒絕、憤怒、留戀、沮喪、接受五個階段。	專業人員在老人臨終期時可以從：1.表達對老年人無條件的愛；2.跟老年人講真話；3.讓老年人放下心事；4.讓老年人安祥地離去等方面，為老年人提供幫助，使老年人平靜坦然面對死亡。
生活護理	對於重症或失能老人，除了日常生活照顧外，對於生活的護理也是重要的內涵。	1.補充營養液延長生命；2.加強口腔護理；3.即時更換衣物等。
哀傷輔導	老年人去世會引起其親人的失親之痛，從心理上來說親屬往往會經歷以下過程：一是，否認或不相信；二是，痛苦、沮喪、憤怒、罪咎、孤獨；三是，對喪親部分接受、抑鬱、幻想；四是，接受。除了輔導協助當事人克服失落後，也要協助當事人處理以表達潛在的情感，並鼓勵當事人向逝者告別，以健康的方式坦然地重新將感情投注在新的關係中。	1. 協助生者體認失落：協助喪親者關注喪親的真實性，傾談逝者的疾病、死亡及葬禮。 2. 體驗哀傷的痛楚：協助當事人處理以表達潛在的情感，探討內疚、憤怒、痛苦，讓情緒從憤怒、淚水中浮現。 3. 幫助生者適應沒有逝者的生活，協助當事人克服失落後在適應過程中的障礙：哀傷中人際關係處理，增強自信心及自我價值觀。

項目	特徵	作為
哀傷輔導		4. 為死者在心理找到適當的位子，促進將情感從逝者身上轉移；尋求及建立新的人際關係及情感支持網絡。

（資料來源：作者整理）

肆、安寧緩和醫療照顧

　　世界衛生組織針對「安寧緩和醫療」的界定為，在法律的規範下，醫生的職責是拯救病人，不可以隨意的實行任何會使得病患結束生命的醫療處置，一般人的想法也是如此，希望透過醫生的治療，使得生命能夠延續，且健康的生活。但是，在病人罹患的是不可治癒的疾病時，當病人步入末期階段，有些手術與治療對於病人是一種折磨，增加他的痛苦，多數人會認為既然無治癒之可能，希望至少不要再受到折磨，是以應聚焦在生活品質的維持或改善。傳統上的大張旗鼓、全力搶救並非病人的最大利益所在，反而阻礙了病人與親友家人最後的相處，也無益於生命的延長。經由《安寧緩和醫療條例》法律的制定，應可讓病患、家人，以及醫療工作者在這段最後艱難的時日中，提供人文關懷。

一、安寧緩和醫療的理念

　　綜觀我國全人口的死亡原因，癌症一直占有四分之一的比例，加上其他病程緩慢且進行性的疾病，如運動元神經疾病（motor neuron disease）、愛滋病、慢性阻塞性肺疾（COPD）、肝硬化等等疾病的患者，在去世之前都有一段「不可治癒，且近期內病程進行至死亡已不可避免」的「末期階段」，安寧緩和醫療（hospice palliative care）的潛在需求實際上很龐大。

　　當病人處於疾病末期時面對這種情形，因此有安樂死與安寧緩和醫療兩種不同的醫療處置方式。安樂死是在病人還未到死亡的時候，以人為加工方式使病人死亡，而這種使人致死做法，使得安樂死在醫療處置上有極大的爭議存在。反觀安寧緩和醫療，安寧緩和醫療以人性化的醫療，在不延長或縮短病人生命期限的原則下，提供全人、全家、全程及全隊的照顧，以維持病人與家屬的生活品質，使得病患了無遺憾地、尊嚴地走向人生的終點。兩種方式都是使得病患能夠減輕痛苦，因此為了減低醫療糾紛，經由立法，以保障病患的權益，由於安寧緩和醫療是在不延長或縮短病患的生命的前提下進行，因此安寧緩和醫療的 作法較為大眾所接受。

　　現代安寧照顧運動（modern hospice movement）自一九六〇年代源自英國以來，已經成為主流醫學的一部分；各個癌症或愛滋病的相關教科書相繼將「安寧／緩和照顧」

（palliative care）列為整體醫療照顧的一環。世界衛生組織
（WHO）也於一九九○年對此作成定義並且為服務的內容有
著具體的建議：「安寧／緩和照顧是對沒有治癒希望的病患
所進行的積極而全面性的照顧；控制疼痛及其他症狀、解決
心理的、社會的、及靈性的問題是最重要的。」照顧的目
標，是為了盡可能提升病人和家屬的生活品質，達到最好的
程度。我國在二○○○年立法院通過《安寧緩和醫療條
例》。條例中對「安寧緩和醫療」、「末期病人」、「心肺
復甦術」、及「意願人」作了清楚的定義。

　　如同世界衛生組織所揭示的，「安寧緩和照顧」是一種
觀念，是將「病人」還原成一個「人」，一個生了病但仍是
完完全全、有著身心靈各種需求的一個人，而不僅只是看到
他的「病」。即便死亡近在眼前，仍然將病人的「生活品
質」或「生命品質」看成最最重要的事。

表5－6：《安寧緩和醫療條例》主要內涵簡表

項目	特點
本旨	安寧緩和醫療是一種針對病人與家屬積極的、全面性的照顧，藉由多重專業團隊，對已經無法接受治療性醫療的病人提供照顧，以維持病人與家屬的生活品質。
對象	1. 末期病人：指罹患嚴重傷病，經醫師診斷認為不可治癒，且有醫學上之證據近期內病程進行至死亡已不可避免者。

項目	特點
對象	2. 心肺復甦術：指對臨終、瀕死或無生命徵象之病人，施予氣管內插管、體外心臟按壓、急救藥物注射、心臟電擊、心臟人工調頻、人工呼吸或其他救治行為。 3. 意願人：指立意願書選擇安寧緩和醫療全部或一部之人。
目標	緩和醫療提供全面性的照顧給疾病進展中且生命有限性可預期的病人，以極大化其生活品質，即提供全人、全程、全家、全隊的整體性四全照顧，服務內容包括身、心、靈、社會的整體照顧，以維護生命的尊嚴並提升末期病人生命品質為原則。
特徵	1. 肯定生命的價值，而且將死亡視為一個自然的過程。 2. 不刻意加速、也不延緩死亡的到來。 3. 有效控制疼痛以及身體上的其他症狀。 4. 對病患的心理及靈性層面亦提供整體的照顧。 5. 提供來自周遭的支持系統，支持病患積極地活著直到辭世（as active as possible）。 6. 這個支持系統也協助家屬度過在親人患病以及喪親之後的期間，能有所調適。

（資料來源：作者整理）

二、安寧緩和醫療的作為

　　歐洲中世紀，基督宗教修道院所附設的安寧院，用來收容貧者、病者與瀕死之人設立院舍供療養。死亡安寧療護的觀念於一八四二年的法國開始萌芽，相繼由英國開啟了用積

極的醫療作為，以解除病人身心靈的痛苦，讓病人安享餘生的安寧緩和醫療，隨後在歐、美各國發展。

　　國內安寧照顧觀念於一九八〇年代引進，針對癌症病患提出全人照顧及關懷病患等觀念，在一九八八年的安寧照護計畫支持下，在馬偕的淡水分院正式成立台灣第一個安寧病房，並且有居家照護。馬偕紀念社會事業基金會的主導，創立了「財團法人安寧照顧基金會」，自此正式展開了國內民間的安寧療護宣導、教育訓練、學術研究與經濟補助等業務；帶動了國內醫學中心成立安寧緩和醫療病房的風氣之先。

　　安寧緩和照顧的是採取全人照顧、全家照顧、全程照顧及全隊照顧的「四全照顧」：

表5-7：安寧緩和照顧簡表

項目	特點
全人照顧	身、心、靈的整體照顧。在一般病房只注重照顧病人的身體，但在癌症末期病人除了身體症狀之外，有很多心理、靈性、家庭的問題通通要照顧好，所以是全人的照顧。
全家照顧	癌症末期病人最後會走向死亡，而死亡是整個家庭甚至全家族的大事；另外，家屬因為照顧病人也會出現很多問題。所以，除了照顧病人之外，也要照顧家屬，解決體力、心理、悲傷等問題。
全程照顧	從病人接受安寧緩和醫療（包括：住院及居家照顧）一直到病人死亡，還要做家屬的悲傷輔導，使創傷減至最輕，而不至於產生一些後遺症，所以是全程照顧。
全隊照顧	一個多重專業的工作團隊，成員包括醫師、護理師、社工師、志工、營養師、心理師、宗教人員等，凡是病人所需要的都可以是團隊的成員。

（資料來源：作者整理）

　　《安寧緩和醫療條例》的訂定，回應人民有權利在他們臨終時，能夠選擇有尊嚴地離去。不必插管，不必心肺復甦。如世界衛生組織說：「肯定生命的價值，而且將死亡視為一個自然的過程。」

　　1. 不施行心肺復甦術的條件：

　　　（1）應由二位醫師診斷確定為末期病人。

　　　（2）應有意願人簽署的意願書。但未成年人簽署意

願書時，應得其法定代理人之同意。對診斷醫師並規定其中一人應具相關專科醫師資格。

2. 治療方針與病情的告知：病人得立意願書選擇安寧緩和醫療；該意願是二十歲以上具完全行為能力之人，得預立意願書；或預立醫療委任代理人，於其無法表達意願時，代為表達意願。這些條文，使病人能在末期階段或是罹病之初，甚至完全健康時，能夠對於將來自己希望獲得的照顧表達意願。

3. 在病人或其代理人表達意願、簽署文件之前，需要對病情及治療有充分的瞭解。

4. 依照此《安寧緩和醫療條例》，只要有上述之意願書表明拒絕施行心肺復甦術，經過兩位醫師（其中一位需為專科醫師）診斷確定為末期病人，則醫師可依法在病人臨終時不予施行上述心肺復甦術之各種醫療措施。協助病人安詳往生，合乎一般人的要求，也合乎醫學倫理及法律的規定。

如同WHO的定義，安寧緩和醫療：「指為減輕或免除末期病人之痛苦，施予緩解性、支持性之安寧醫療照顧，或不施行心肺復甦術。安寧緩和醫療照顧的目標，是為了盡可能提升病人和家屬的生活品質，達到最好的程度。所照顧的對象，並不限於癌症病人，而是涵括罹患嚴重傷病，經醫師診斷認為不可治癒，且有醫學上之證據近期內病程進行至死亡已不可避免者。」任何在病人身上所做的處置與治療，都經

過仔細衡量，考量利弊得失、包括對生活品質的衝擊；這個原則到了病人末期，仍然不變。在安寧緩和醫療觀念的推動及《安寧緩和醫療條例》通過後，這些末期病患除了疼痛及其他症狀控制外，社會暨心理亦受到照顧，活著時，病人與家屬得以維持最佳生活品質；而臨終時，亦能夠選擇有尊嚴地離去。

伍、結語

　　高齡社會將帶來許多困擾個人生活的問題，因為，人生到了老年階段，其生活的問題與需求多來自於其生活的困難。一般將老人生活中的問題與需求分為：經濟問題、醫療問題、居住問題、社會參與以及尊嚴問題等五類。在「醫療問題」部分，除醫療服務外，對於提供如何維護健康的生活，以及如何預防疾病及早期治療等知識十分重要。而「尊嚴問題」，特別是加入社會文化的觀點討論老人「生的尊嚴」與「死的尊嚴」之課題，值得關注。

　　全民健康保險降低了個人就醫的財務障礙，發揮健康保險之社會保險功能，使其免陷於龐大醫療費用之困境。並開辦各項預防保健服務，包括兒童預防保健、成人預防保健、孕婦產前檢查及婦女子宮頸抹片檢查等服務，藉由健康保險給付，落實預防重於治療之觀念，整合醫療與預防保健的工作。同時提供慢性病患者居家照護、社區復健，並將護理之

家提供的專業性護理服務，且為了提高臨終病人的照護品質，將部分安寧療護納入全民健康保險計畫。

附錄

● 「全民健康保險法」
請參閱衛生福利部中央健康保險署網站
http://www.nhi.gov.tw/webdata/webdata.
aspx?menu=17&menu_id=660&webdata_
id=2091&WD_ID=672

● 「安寧緩和醫療條例」
請參閱衛生福利部網站
http://www.doh.gov.tw/CHT2006/DM/DM2_p01.
aspx?class_no=45&now_fod_list_no=1331&level_
no=3&doc_no=21148

第六章
失智老人照顧措施

壹、前言

　　人口老化伴隨的健康照護問題已被已發展國家列為重大政策議題，這些國家積極發展長期照護體系以滿足身心障礙人口的照護需求。從臨床觀察，失智症主要以記憶力、定向力、判斷力、計算力、抽象思考力、注意力、語言等認知功能障礙為主，同時可能出現干擾行為、個性改變、妄想或幻覺等症狀，這些症狀嚴重程度足以影響其人際關係與工作能力。

　　因應失智人口增加，為提升照顧品質，並開發更多元與切合需求的服務模式，政府於二〇〇七年分別函頒「老人福利機構失智症老人照顧專區試辦計畫」及「失智症老人團體家屋試辦計畫」，結合民間單位或老人福利機構規劃辦理，並結合民間單位辦理相關專業訓練課程、實務觀摩、座談及研討會等，提升工作人員專業知能，以應社會需求。

貳、高齡者失智的風險

　　老年人，特別是其中失能的老人，常有非常複雜的需求，所需要的服務常是全面性，包括不同機構、不同專業及不同補助方式。政府於二〇〇六年所舉行的「臺灣經濟永續發展會議」在人口高齡化的衝擊與因應方面，建議應儘速建立穩健可負擔的長期照顧財務與預算制度，建構一個多元化、社區化、普及化、優質化及兼顧性別、城鄉、族群、文化、職業、經濟、健康條件差異之老人長期照顧政策。有關人口高齡化的衝擊與因應方面，提具的共同意見為：

表6－1：老人長期照顧政策簡表

項目	特點
建立穩健可負擔的財務制度	建立穩健可負擔的長期照顧財務制度，並建構一個符合多元化、社區化（普及化）、優質化及兼顧性別、城鄉、族群、文化、職業、經濟、健康條件差異之老人長期照顧政策。政府應投入適足的專門財源；以全人照顧、在地老化、多元連續服務作為老人照顧服務提供的原則；整合各類照顧服務政策及資源；迅速建立專業評估與轉銜機制；提供合理的照顧服務補助；研擬實施整合性失智老人照顧策略計畫；有效活用社區空間資源；長期照顧應朝可負擔的方向規劃。
建立完善老人健康照顧體系	將老人學及老人醫學列入必修課程；普設老人專門科；均衡城鄉醫療資源；強化老人心理健康教育與宣導；加強老人健康與預防保健；建立醫院全責照顧。

項目	特點
支持家庭照顧者體系	提供普及化、強性化的居家式、機構式喘息服務；提供家庭照顧者教育訓練及支持團體；政府應發放家庭照顧者津貼，維護尊嚴；政府應積極推動家庭托顧服務，建立支持及督導系統。
結合民間資源	應以非營利化為原則，並制定有效政策結合民間資源提供長期照顧服務，營造有利第三部門參與長期照顧的環境，並補助經費、檢討法令及制度等策略提供相關協助，減少參與障礙；並確保服務品質。
友善老人的居住與生活環境	積極維護老人尊嚴與自主，形塑，豐富老年生命，推動各年齡層通用的環境規劃；加強兒、青少年及一般社會大眾對老人的認識，並納入國民教育教材；整合住宅與福利措施，提供多元居住型態；政府應支持或協助老人社團組織辦理活動。
訂定政策保障老人經濟安全	政府應定可長可久的年金制度；建立老人財產保護機制，加強辦理防騙措施。
促進高齡就業策略	推動彈性退休制度；創造友善高齡者的就業環境；結合第三部門資源，加強高齡人力再運用。
長期照顧服務人力的培育	地方政府應設置照顧管理單位、專職人力、調整人數；加強老人服務養成教育、在職培訓、留任措施；提升照顧服務員的勞動條件；檢討外籍看護工政策，逐步縮減人數。
因應高齡社會政策制訂	為因應高齡社會所帶來的健康照顧、社會照顧、經濟安全、就業、住宅、交通、休閒產業等服務需求，國家應進行各項研究，並將之轉化為政策制訂與服務提供之規劃。成立國家級「老人綜合研究中心」，因應人口高齡化所需之經費預作財源規劃。

（資料來源：作者整理）

　　老年人口可以說是所有年齡組中，健康狀況最複雜者；且老人對健康和社會照顧服務之需求也是最多元的。二十世紀八〇年代Fries（1983）所提出的「疾病壓縮理論（compression of morbidity）」主張對絕大多數老人所需的健康促進與疾病預防需求加以重視，以預防或延緩老人身心功能的退化，減少長期照護的需求，控制節節升高的照顧經費。而讓老人留在社區中逐漸老化被認為是可維持老人獨立、自尊、隱私及照顧品質的關鍵，「在地老化」（aging in place）政策目標被許多先進國家列為長期照護政策遵循之指標。

　　全球人口老化嚴重，失智風暴正侵襲各國。快速走向超高齡社會的台灣，也深受失智症所苦。一九〇六年，德國精神病理學家阿茲海默（Alois Alzheimer）在法蘭克福精神病院發現一名患者，有奇怪的行為徵兆，喪失了短期記憶。患者死後病理解剖後，發現腦中的神經纖維一片混亂，因而被命名為阿茲海默症，這就是失智症之一。以失智症為題材的電影《我想念我自己》（Still Alice），女主角是一名才剛過「天命之年」，才智過人，是大學的教授，正值生命顛峰，卻出現一連串失序行為。例如：演講時也會突然失語、慢跑時失去方向感，站在街頭孤立無助等等。一九九四年已卸任的美國前總統雷根宣布得了阿茲海默症，從此黯然消沉下來，記憶力慢慢喪失，出現語言和情緒障礙，洗澡、吃東西、如廁等日常生活都需要太太南西協助。英國前首相柴契爾夫人二〇〇〇年出現失智症狀，一向健談的她，被女兒發

現詞不達意，將自己領導的福克蘭之役當成南斯拉夫戰爭。當時柴契爾夫人的腦部遭受小血管中風，導致失智。

　　年紀大了卻發現自己越來越記不住事情，這是因為腦內掌管記憶、認知能力以及智力的海馬迴開始退化萎縮，出現了退化型失智症如阿茲海默症等，由於海馬迴的萎縮是屬於不可逆的，因此這類失智也只能延緩而無法完全治癒，要如何預防海馬迴退化更成為了社會關心的議題。例如一般人偶而忘記開會時間、朋友電話、想不起某個字眼、忘記今天是幾日、在不熟的地方可能會迷路、任意放置物品，失智症者則不是偶而，而是頻率更高，甚至會搞不清楚年月、白天或晚上，在自家周圍迷路，找不到回家的路。

　　失智症依不同病因，可分為退化性及血管性兩大類，多數人罹患的是退化性失智症，也就是阿茲海默症，約占六成。而血管型失智則有額顳葉型、路易氏體、巴金森氏症和水腦症等。失智並非老年人專利，近年來也逐漸出現中壯年罹患失智病例，基因檢測證實，家族成員染色體中帶有遺傳性變異基因ps1、ps2，發作的機率很高。

　　根據世界衛生組織的推估報告，二〇一五年全球失智症的照護成本為八一八〇億美元，二〇二〇年後將破一兆美元。根據台灣失智症協會推估，目前全台失智症人口約有二十七萬人，二〇五〇年將增加至八十六萬。年紀大，不一定會得到失智症，但年齡確實是失智的危險因子，長壽是福氣，但無情又諷刺的是，高齡正是失智最大的危險因子。愈

高壽者，愈難逃脫這個生命定律。台灣的盛行率，以年齡的風險為例，八十五歲到八十九歲約有五分之一會罹患，九十歲以上的機率則為三分之一。臨床上，失智症屬於一種漸行性腦退化疾病，其致病原因至今尚未完全明瞭，雖然不能治癒但可治療，若能早期發現症狀，早期診斷治療，對穩定病情有莫大助益。

隨著全球人口老化嚴重，失智風暴早已侵襲各國。根據國際失智症協會（World Dementia Council）二〇一五年發布的全球失智症報告，全球失智症人口約四千七百萬人，預估到二〇三〇年，全球失智人數將增至七千五百萬人。儘管失智風暴令人畏懼，但隨著研究愈來愈多，預防之道也逐漸明朗，因為大腦可以鍛鍊，認知能力也可以及早儲備。

參、失智症老人照顧計畫

快速走向超高齡社會的台灣，也有愈來愈多患者與家屬深受失智症之苦。整個社會已意識到，這是讓人深感恐懼的疾病。二〇〇二年世界衛生組織（WHO）發起全球基層健康照護強化運動，希望藉由持續可近的照護以增進老人的健康。此一照顧理念也增廣老人照顧服務的發展向度，在西方世界中，除了原有的醫療保健與長期照護外，還包括預防保健和健康促進（health promotion）。

生命是一條逐漸老去的漫漫長路，但健康終老並非遙不

表6-2：老人預防失能簡表

項目	特點
保持運動	運動可以幫助腦神經細胞活化，對改善失智症有幫助。
均衡營養	多攝取蔬菜、水果、五穀雜糧、深海魚及橄欖油，不僅可降低失智風險，也是維持身體健康的基本方法。此外，美國健康預防雜誌（Prevention Magazine）二〇一五年的報導多吃：全穀類、莓果類（藍莓、黑莓、蔓越莓）、豆類、綠葉蔬菜（菠菜、花椰菜）、禽肉（雞肉、鴨肉、火雞肉）、堅果類、番茄、魚類等，可以減少罹患阿茲海默症的機率。
時時動腦	多動腦增加大腦保護因子，年齡越是增長越是需要多活動使自己更活化、更年輕。
參與社群	鼓勵高齡者下棋、桌遊；勿坐太久，一至二個小時必須起身走動。例如擔任志工，幫助別人也可降低失智風險，或者參加宗教活動，使年長者不僅擁有社交互動機會更有信仰作為心靈依靠。
遠離肇因	如三高、肥胖、頭部外傷、抽菸以及憂鬱。

（資料來源：作者整理）

可及，因為大腦可以鍛鍊，認知能力也可以及早儲備。研究也顯示，教育程度、識字率，和老年後會不會罹患失智有關，終身學習能讓大腦的神經網絡變得更複雜，延緩失智年齡；而擁有多種語言能力的人，也較晚出現失智。同時，根據加拿大的英屬哥倫比亞大學的研究，發現人們的海馬迴萎縮與日常生活的行走量衰減有關，研究團隊在觀察若是十年

內都保持固定的行走量，海馬迴的容積減少比例、認知能力的維持情形都會較其他高齡者來得更好。規律運動與正常作息能夠有效增加身體的代謝能力，減少憂鬱、焦慮及疼痛等負面精神狀態並改善睡眠品質。當睡眠時間受到限制，腦部海馬迴中的 β 類澱粉蛋白會大量堆積，容易引起海馬迴萎縮而導致阿茲海默症。因此，醫界有「三動兩高」的預防失智的口訣：頭腦要動、休閒活動、有氧運動，高度學習和高抗氧化。年輕時多讀書，儲備認知能力，中年時多做動腦工作，保持心情愉快，常吃地中海飲食，多運動，都是趨吉避凶之道。

世界衛生組織統計：失智人口數每二十年成長一倍，二○五○年將超過一億三五五○萬人。依衛生福利部統計二○一五年：台灣六十五歲以上老人共二百八十萬人（佔總人口百分之十二），其中輕微認知障礙（MCI）有五十二萬四千五百人，佔百分之十八；失智症人口有二十二萬人，佔百分之八。由於失智人口的急速增加，因應失智症的照顧模式也已經成為許多先進國家老人福利政策的重要課題之一。

一、失智症的定義

依據「身心障礙等級」對失智症的定義，是指「心智正常發展之成人，在意識清醒狀態下，有明顯症候足以認定其記憶、思考、定向、理解、計算、學習、語言和判斷等多種之高級腦功能障礙，致日常生活能力減退或消失，工作能力

遲鈍，社交技巧瓦解，言語溝通能力逐漸喪失。」其等級可分為極重度、重、中及輕度四級，判定標準如下：

表6-3：失智症的區分簡表

項目	特點
極重度	記憶力極度喪失，僅剩殘缺片斷記憶，語言能力瓦解，僅餘咕嚕聲，判斷力喪失，對人、時、地之定向力完全喪失，大、小便失禁，自我照顧能力完全喪失，需完全依賴他人照顧者。
重度	記憶力重度喪失，近事記憶能力全失，判斷力喪失，對時、地之定向力喪失，對親人之認知功能開始出現障礙，大、小便失禁，自我照顧能力喪失，開始出現簡單之日常生活功能障礙，需完全依賴他人照顧者。
中度	記憶中度喪失，近事記憶困難，判斷力障礙，對時、地之定向力喪失，自我照顧能力缺損，且有明顯複雜性日常生活功能障礙，需部份依賴他人照顧者。
輕度	記憶力輕度喪失，近事記憶局部障礙，判斷力障礙，對時間之定向力障礙，自我照顧能力部份缺損，且複雜的日常生活功能開始出現障礙，需在監督下生活者。

（資料來源：作者整理）

　　罹患失智症，目前雖沒有根治之方，仍可努力延緩惡化，減輕傷害。早期阿茲海默症患者，有增加腦內「乙醯膽鹼抑制劑」神經傳導物質，及阻斷神經細胞損傷的NMDA受體拮抗劑，加上非藥物治療，可以維持或延緩認知功能退

化，愈早治療或接受治療時間愈長，延緩退化的效益愈大。失智症不是一種可以治癒的病，所以和其他病人的照顧有所不同，家屬最需要瞭解的照顧重點不在於治療及用藥而是「陪伴」。因此建議幫助失智症患者時，因以適時鼓勵取代批評，並且降低家中危險地方，減少意外發生，透過多一點關心和陪伴，才能有效幫助患者提升生活品質。我國老人政策確立「在地老化」（aging in place）的原則，並強調社區式服務和居家式服務的優先性；另也承諾對家庭照顧之支持。此種趨勢乃順應世界的潮流，利用回歸社區與家庭的策略，減少機構式服務的使用，節約長期照護成本。

二、失智症的照顧計劃

因此，目前政府為全面性的推動失智老人之照顧工作，提供相關服務。現階段對於失智症老人的照顧服務及教育宣導執行現況主要有居家式、社區式、機構式照顧、設立失蹤老人協尋中心及各種教育宣導方案。但由於失智症老人的心智衰退是漸進式的，當失智症者在輕度病程之際，尚擁有自我照顧能力，可能鼓勵病患留在社區及家庭中接受照顧，一旦進入中重度之後，因智能退化及行為能力的下降，身體功能及認知功能退化而無法獨立生活時，機構式照顧將可以提供一個適合的長期照顧方式。

為此，行政院於二〇〇五年二月四日核定「照顧服務福利及產業發展方案第二期計畫」中列有「充實多元化照顧服

務支持體系，全面提升照顧服務品質」，強調「研議開發新型服務模式，評估民眾對其需求程度，輔導民間逐步發展。」同時，於二○○六年九月二十日通過「大溫暖社會福利套案」，中列有「建構長期照顧體系十年計畫」強調利用現有福利機構空間增設失智症老人照護專區。鑑於輔導機構轉型具有多層級照顧功能一直是政府工作重點。為因應失智症人口逐年增加，照顧之迫切需求，參考日本「團體家屋」（group home）及「生活單位型機構照顧（unit care）」模式之理念及作法，協助老人福利機構利用現有空間增設失智症老人照顧專區，減輕家屬照顧負擔，提升失智症照顧品質。

表6-4：失智症的照顧計劃簡表

項目	特點
計畫目標	1. 協助老人福利機構利用現有空間轉型設置失智症老人照顧專區，以落實失智照顧政策。 2. 以小規模、多機能的服務模式，滿足失智症老人的多元服務需求。 3. 建立失智專區照顧可行性模式，提供失智症老人優質的照顧服務，減輕家庭照顧負擔。
實施方法	1. 輔導現行已營運之老人福利機構利用現有閒置床位空間規劃設置失智症照顧專區，並得申請內政部補助修繕、設施設備及服務費等費用。 2. 委託民間團體辦理失智症照顧相關專業訓練課程，增加行政管理人員及照顧人員對失智症之認知及失智症照顧原則、方法與技巧，提升照護品質。

項目		特點
實施方法		3. 邀集專家學者、團體及相關單位組成「審查評估小組」，以協助審定申請補助計畫，並就試辦計畫整體辦理方式、執行成效、服務成本、補助標準等，進行檢討評估，供作未來賡續推展辦理參據。
服務對象		經CDR評估中度以上（CDR二分以上）、具行動能力、須被照顧且能與少數人共同生活之失智症老人為原則。
服務規模	服務人數	每一單元服務人數以六至十二人為原則。
	設置數量	每一機構最多設三個單元
設施設備	基本設施	每一單元日常生活基本設施應設寢室、客廳、餐廳、簡易廚房、衛浴設備（盥洗間、浴室及廁所等）及其他必要的設施。
	寢室	（1）每間以服務一人為原則。 （2）每間寢室之樓地板面積，不包括衛生設備空間，每人應有七平方公尺以上。 （3）每間寢室的出入口必須與走廊、客廳相通，與其他寢室明確區隔，不得以屏風、窗簾等隔開。 （4）應設簡易衛生設備。
	公共空間	每一專區必須設置客廳、餐廳等公共設施，提供失智症老人活動治療及相互交流之場所，且必須確保衛生及安全。建築物之設計、構造與設備應符合建築法及其有關法令規定，消防安全設備、防火管理與防焰物品應符合消防法及其有關法令規定。

項目		特點
人員配置	照顧管理員	每一專區應置一人，並得由社工人員、護理人員或其他相關醫護人員專任。
	護理人員	每一專區日間至少應置一人，夜間及深夜時段得由機構其他護理人員支援之。
	照顧服務員	照顧服務員人數與老人人數之比例以一比三為基準，並得以僱用兼職人員，惟兼職人員不得超過三分之一；專任或兼任人員須固定且不得進用外籍監護工。
服務內容		1. 提供失智症老人居住及餐飲服務。 2. 適當引導、輔助失智症老人生活參與及管理，並能因應緊急狀況。 3. 提供失智症老人進食、淋浴及如廁等日常生活援助。 4. 制定個別照顧計畫，幫助失智症老人安心地過正常的生活。 5. 機構應有特約醫療機構或緊急外送單位，且鄰近機構為佳。
補助對象		1. 財團法人老人福利機構。 2. 附設老人福利機構之財團法人。
補助原則		1. 以興設完竣並營運滿三年者為限。 2. 每一單元最高補助十二人，每機構最高補助三個單元。 3. 修繕費及充實設施設備費補助不受內政部補助經費申請補助項目及基準「修繕費最多每五年補助一次」、「充實設施設備費補助以興設完竣並營運滿五年者為限」規定之限制。

項目	特點	
服務費補助	（1）照顧管理員：以補助一人計。 （2）護理人員：以每位護理人員服務二十老人計。 （3）照顧服務員：以每位服務人員服務三位老人計。 　　兼職之照顧服務員每週至少應提供十六小時以上 　　服務時間，已接受內政部補助之各類工作人員不 　　得擔任兼職照顧服務人員。 （4）申請補助月數每年最高得為十二個月，接受補助 　　人員當月服務日數滿十五日以上，服務費發給一 　　個月，未滿十五日者，發給二分之一。	
補助項目	修繕費	每平方公尺最高補助新臺幣四千五百元， 每床最高補助十六‧五平方公尺。
	設備費	補助公共空間生活起居必要之設備，每位 老人最高補助新臺幣二萬元，最多補助三 個單元（即三十六人）。

（資料來源：作者整理）

　　《新英格蘭醫學》雜誌（The New England Journal of Medicine）二〇一六年報導，分析過去四十年全球失智症的盛行率，發現一九七〇年代末至一九八〇年代初，盛行率約為百分之三點六，到了二〇一〇年間，已降至百分之二。原因是現代人愈來愈有健康意識，血管型失智症因此下降不少。以血管型失智症來說，只要積極預防並好好控制三高、戒菸、減重，還是可以預防的。預防的意思有兩個，原本要發病，讓他不發病，另外就是延緩發病時間。

肆、失智症老人照顧作為

　　理想的老人照顧環境應該不是收容性場所，而是生活的場所。老人的社會支持系統是一種連續的連帶和協助的分擔，以維持個體生理的、心理的和社會的整合；社會支持是一個人從正式和非正式的資源中得到情緒以及實質等之支持，以使個人產生良好生活適應。因此，近年來為失智症老人營造「家」的環境成為照顧服務的基本原則。隨著失智情況加深，讓照顧者的負荷遠比照顧一般失能老人來得高。為了協助家庭面對失智症者的照顧需求，政府在二○○七年提出了「失智症老人團體家屋試辦計畫」與「老人福利機構失智症老人照顧專區試辦計畫」，為滿足失智症老人的多元照顧服務需求，並提高其自主能力與生活品質。鼓勵有意願的民間單位或老人福利機構成立「團體家屋」，或設置「失智症照顧專區」，提供失智症老人一種小規模、生活環境家庭化及照顧服務個別化的服務模式。以避免將失智症的老人視為一般的身體失能者，維持失智症者之生活能力。

　　參考日本所發展失智症老人的照顧服務模式，經摸索試行的結果，發現小規模的「團體家屋」（group home）的實施確實可改善輕、中度失智症者的症狀，較能穩定老人情緒，降低或延緩老人住進護理機構的需求，是相當適合失智症老人的照顧機構型態。具體而言，日本的團體家屋是針對能夠參與共同生活的失智症高齡者的照顧服務機構。設立宗

旨乃是提供罹患失智症之需照顧者沐浴、如廁、飲食等照顧及其他日常生活所需的照顧及身體功能訓練，通常是讓五至十位失智症老人住在一個一般的家庭或公寓內，由多位照護人員提供其日常生活照顧，必要性照顧及訓練等，藉由小規模的共同居住空間，營造一種「非機構」式的意象，讓老人就如生活在家裡一樣，配合失智症家屬成員的參與，以有效控制失智症老人的症狀。

　　「團體家屋」於一九八〇年代開始，強調失智老人的社會性需求而非醫療需求之安排，將老人視為有能力、自主的個體，雖居住在個別空間，但在其有需要的時候，能快速獲得照顧人員協助；實施的效果反應良好，二〇〇〇年開始日本的中大型養護機構將此模式導入，將多人床共居的房間改成單獨房間，並將機構環境劃分成若干「十人左右的生活單位」，各單位營造像家庭一樣的格局及氣氛，以作為失智症老人的照顧區域，此稱為「生活單位型機構照顧」（unit care），簡稱小單位照顧模式。照顧服務員及工作人員都有受過失智症相關訓練，他們像朋友家人一般陪伴患者共同生活，尊重患者的生活經驗並依照患者的獨特性與病程，依個人喜好與興趣制訂個別生活照顧計畫，將照顧及復健技巧融入日常生活中，且協助患者能夠從生活中維持其既有的功能，幫助失智症患者安心地過正常的生活，延緩退化的速度。團體家屋是一種理想，這樣的模式的確為失智症長者帶來社會支持的力量。

　　「團體家屋」起源於瑞典，盛行於日本，就像你家一樣。強調小規模、注重家庭氣氛的照顧模式，該失智症老人照護，強調社會照顧模式比藥物治療模式重要，已成為許多國家失智症老人照顧的主流模式。希望達到個別化、隱私、有尊嚴、有品質的生活安排，不同於一般安養機構，只照顧老人的身體，這裡最重視的是老人心靈的需求和自在，是社區化的長期照顧型態，是理想中在地安養的一種方式。讓失智症長輩在有家庭氣氛的生活空間邊受照顧邊自立生活的照護型態。滿足失智症長輩之多元照顧服務需求，並提高其自主能力與生活品質。團體家屋在國外的發展起源於老化社會的來臨，最後，政府政策關注，以國家的力量介入處理終於蓬勃發展。

　　在日本，所謂小單位照顧模式，是指將機構劃分為數個小團體（group），使失智症老人「在接近住家一樣的居住環境中，接受和居家生活一樣的日常生活照顧服務」。但是，單純地將機構區隔為小團體的方法並不是「小單位照顧」的目的，實質的理念更著重在照顧的方法與過程，從過去基於工作人員立場考量的流程作業式照顧轉換為與利用者共同生活的照顧。從過去的一種上對下的權威關係，轉變成照顧者與住民是一種夥伴關係；且由於互動關係密切，可出現類似親人般的繫屬關係，也就是老人的生活單位與照顧單位結合成一體的照顧模式。團體家屋導入小單位照顧模式的執行步驟通常包括：

表6－5：團體家屋照顧模式簡表

項目	特點
團屋實施特點	1. 老人擁有確保其個人隱私的空間，改善生活環境。 2. 個人房與個人房間設立共同交流空間，便於和其他入居者建立良好人際關係。 3. 入居者與其他入居者間、照護職員間互動增加，精神壓力可獲紓解，甚至減少失智症者的徘徊行為。 4. 家屬探視方便，加深親情關係，不再擔憂打擾鄰床室友等。 5. 強調在地老化（aging in place）與所在社區互動。
團屋環境設施	首先必須將房間設計成個人單獨房或夫妻房，其餘空間規劃成多樣化生活空間，包括：（1）準個人空間：客廳、休閒娛樂廳；（2）準公共空間：餐廳、大廳；（3）公共空間：咖啡廳、展示館。
照顧人員配置	入居者人數與照顧職員基準配置為三比一，為了能根據入居者個人身心需要而提供個別服務，工作執行範圍於是細分為單位小組（unit），並且讓各小組配置的照顧職員固定。
提升照顧素質	為免小單位照顧模式的小組分配流於形式，照顧職員必須建立由集體照顧改為個別管理、共同生活的新觀念，失智症者在家屋內與其他住民、照顧者有更多互動，如一起合作家務活動，挑菜、煮飯、擦地板等，更容易產生像是朋友或家人之間的連結或繫屬關係。
休閒娛樂空間	目的在於促進入居者間及入居者與照顧職員間的溝通及交流之用，重點在工作人員一同參與。
配置活動空間	目的為建立熟識的人際關係，增加被照顧者與照顧者間的信任感，減少入居者的不安。

項目	特點
擴大志工組織	多與社區內志工團體保持連繫，由志工帶領入居者參與社區活動，避免入居者封閉於狹小環境而退化。

（資料來源：作者整理）

　　「團體家屋」被認為能促進住民生活品質之照顧模式，照顧人員一起參與失智長者之日常生活，從事有關家務的活動。團體家屋強調「似家」的軟‧硬體設計，小規模的共同居住空間，加上家屬的共同參與，提供共同生活照顧之服務模式，讓老人猶如住在家中一般，可控制並減輕失智症老人的症狀。臺灣於二〇〇七年《老人福利法》修正通過時提出「團體家屋」試辦實施規劃，提供失智症老人一種小規模、生活環境家庭化及照顧服務個別化的服務模式，滿足失智症老人之多元照顧服務需求，並提高其自主能力與生活品質。啟動失智症照顧服務模式發展之具體行動，可說是台灣失智症照顧服務政策的大躍進。延伸失智症日間照顧服務的功能，建構機構與居家以外之照顧服務模式，並發展適合我國本土化失智症老人團體家屋模式與經驗。結合老人福利機構或民間團體試辦團體家屋，提供失智症老人優質的生活環境與照顧服務，促進老人自立與尊嚴，並減輕家庭照顧負擔。

　　失智症之症狀多變難解，照顧難度高，成為家屬照顧之莫大挑戰。沒有疾病像失智症一樣帶給照顧者如此沉重的負

荷。團體家屋藉由與相似的照顧人員共同生活，失智症者的社會網絡能產生類似朋友關係的連結，或因提供直接身體照料，而產生擬家人般的繫屬關係。失智症者和團體家屋坐落同一社區，相對傳統大型機構易認同當地文化且產生歸屬感，如：語言使用、相同的文化宗教活動等。

　　失智症患者照顧問題日益受到關注，因應失智症的照顧服務早已成為先進國家的老人福利政策的緊急課題之一，各國皆積極策劃提供失智老人及家屬多元性、可近性、及連續性的照顧服務。「失智症老人團體家屋試辦計畫」主要參考日本型團體家屋之照顧模式，訂定設施設備、人力配置等相關設置標準，以輔導民間老人福利機構設置團體家屋，目標在於提供失智症老人優質的生活環境與照顧服務，促進老人自立與尊嚴，並減輕家庭照顧的負擔。團體家屋被預設為社區型老人照顧機構，服務對象來自於社區，包括失智症老人、家人及親屬皆在鄰近，機構員工也是社區的居民，如此可讓團體家屋營造的「似家」氣氛擴展到整個社區，是照顧機構社區化的具體實現。

　　由於失智症老人屬於不同族群及社會階層，「家」的經驗有所差異乃是所難免，要能滿足入住機構的失智症老人之共同「家」的感覺，受照顧的失智症者最好是來自同一區域、屬於同一族群或相等社會階層。因此，唯有小規模的「機構」才能達到上述要求，事實上，最高的要求是營造一種「非機構式」的意象。團體家屋在實施效果方面對於住民

以及照顧者言，都比過去傳統機構之照顧有更好的效果，理想的照顧住所乃是一個終極狀態，最重要之處在於個人（失智老人）轉換的過程與原本系統（家庭）的連結程度，並在新的系統（機構）中能活得更好。照顧人員所帶來的表達性支持方面，工作人員與家屋在同一社區，故對家屋容易產生認同。

伍、結語

在先進國家中，除了提供醫療服務和長期照顧外，還包括預防保健和健康促進。由於失智症老人的心智衰退是漸進式的，因此失智症的照顧計畫必須依據病人的疾病狀態、身體功能及認知功能等加以分級分類，但是目前機構式照顧服務因下列缺點而予人負面印象：

1. 不是以個人而是以團體為對象；
2. 個人空間狹小，像醫院而不像生活場所；
3. 一房多床，沒有個人隱私及個人生活行動表；
4. 照護方式及服務內容大都配合工作人員的勤務作息時間，或因夜間人手不足及追求高效率的管理，經常訂定統一的作息時間，造成老人的個人需求經常受到壓抑。

全球預防失智的趨勢不斷提醒，只要延緩五年發病，失智症病患就可以減少一半。健康促進旨在使個人增強與掌控

自身健康的能力，提升其生活品質，而介入的作法包括改變個人的健康行為，例如飲食與運動、創造健康的環境、以及改變對健康的文化態度與期望。高齡者應維持的五項生活習慣：保持運動、禁菸、吃得健康、減少飲酒、維持健康體重，其中以保持運動最能預防失智症發生。日本長期照顧服務模式發展趨勢是「團體家屋」與「單位照顧」，受到實務界的高度關注，部分實務工作者更是化為實踐行動，運用單位照顧的概念在所屬機構的照顧服務，進行所謂的「家庭式照顧」，這對國內照顧機構追求照顧品質的提升具有借鑑的效果。

附錄

● 「失智症老人團體家屋試辦計畫」
請參閱衛生福利部社會及家庭署老人福利網站
http://sowf.moi.gov.tw/04/06/news.asp

第四篇

安養照護

第七章
老人居家照顧服務

壹、前言

　　伴隨高齡化社會而來的議題之一，即是老人長期照顧問題。人口老化對國家最大的衝擊更在福利資源將會大量地移向老年人，特別是高齡者的老人群體。國人的生活型態隨著世界潮流飲食西化、勞動漸少，再加上老化，疾病型態由傳染性疾病轉為慢性疾病。人口老化是促使慢性病罹患率增加的主要原因之一，高齡化社會將改變其過去的健康照護型態，而必須更注重長期照護和非正式照顧機制。因為許多現代國家，婦女就業人口增加，家庭中子女減少，使得家人照顧意願和能力相對減低。然而，老人們其實是最希望待在家中，被家人照顧，也許家人共同生活，因家人的支持與溫暖、陪伴，對他們而言，是最期望的生活方式，因而除了增加正式照護機構，同時也需要非正式照護人力，居家照顧成為重要的模式。

　　在一九九九年國際老人年的宣導主題，政府所公布的

「老人長期照護三年計劃」以「居家、社區照護為主，機構照護為輔」為宣示。這些政策與世界趨勢，使得居家或社區式的照護發展越來越重要。

貳、老人居家照顧的理念

　　高齡社會的快速變遷，伴隨而來的就是長期照護的迫切需求。隨著中老年病人口的增加，針對這些功能受損者提供長期照護，更是重要的議題。世界衛生組織（WHO）對健康的定義：身體、心理、社會三面向的安寧美好狀態，「活躍老化」提供了追求健康的方向，不應侷限於沒有疾病。活躍成功的老年生活，應追求從身體、心理、社會等多方面的健康，進而使老年維持自主與獨立，亦能參與社會經濟文化等事務，提高生活品質，才是老年生活應追求的目標。社區式或居家式的長期照護是我國未來努力的目標，讓老人可以常住在其所熟悉家中或社區裡，使其擁有自主權與隱私權，可以過一個有尊嚴的老年生活，這是我們的目標也是世界的趨勢。

　　為因應人口老化趨勢導致高齡人口長期照顧及安養需求之成長，老人長期照顧是指對身心功能有障礙的老人提供一套包括醫療、護理、生活照料與情緒支持的照顧服務。支持老人留在社區中生活的相關資源仍有不足，未來的發展應以強化社區中的居家支持服務為主，結合社區中長期照護服務

與醫療服務資源，銀髮族健康照顧需求提供有需要的老人及其家庭具整合且持續性的照顧服務，儘量做到在老人居住的地區，就地提供其所需要的一切服務。長期照護是以家庭或社區為主的系統－居家照護（home care）是一種照護服務樣態，這種形式是建立在相互照顧，透過正式或非正式的資源相互支援。居家照護是應用現代之醫療措施，在不需要一般醫院的全部設施與服務之情況，家人可在專業人員的協助下，居家照顧病人，使病人能在其熟悉的環境下，家人可在專業人員協助下，居家照顧病人，使病人能在熟悉的環境中得到身體上、社會上及情緒上需要的滿足。快速的生活節奏，使得老人常常被忽略，特別是需要照顧的長者，常常得不到無微不至的照護，而居家照護為行動不便者提供了必要的便利。同時，考量家庭照顧者過於沉重的照顧負荷將使得照顧品質下降，以支持性服務方式，避免照顧負荷過重的家庭照顧者成為「隱形病人」。

日本作為全世界最高齡的國家，雖已於二〇〇〇年開辦介護保險，其長照服務體系亦較鄰近國家為完整。不過，根據WHO統計，日本一生中不健康的時間仍有八－九年。如何健康老化、成功老化，不只是日本，也是所有高齡化國家的首要課題，醫療科技進步，老人越來越長壽，但是不健康的年數卻有逐年遞增的情況，人口結構老化，疾病形態隨之改變，慢性病已是二十一世紀今日的主流。醫療資源有限機醫療費用高漲，使得居家照顧受到重視。日本在一九九九年制

定Gold Plan 21「高齡者保健福祉推進十年策略」，將不需接受照顧服務的老人納入思考，提出照顧預防的相關措施與作法。其次，隨著介護保險的實施，也逐步將照顧預防·生活支援服務制度化。當時的「照護預防·生活支援服務」（又稱「照護預防·社區相互扶持服務」），包含對老人外出支援、寢具清洗、住宅改造指導、老年人共同生活支援等「生活支援服務」，肌力提升訓練、飲食生活改善、活出意義活動支援日間服務等「生命意義活動支援服務」，以及「家庭照顧支援服務」等項目，主要的目的，是希望透過對自立生活的長者提供支持服務，達到讓年長者不易陷入需照顧的狀態，並且不讓照顧需求程度惡化。

　　自歐洲國家於一九六〇年提出在地老化（Ageing in place）的理念，不再以機構式的照護方式為發展的主體，而紛紛發展居家式及社區式的服務，讓輕中度的失能老人可以盡可能的留在他熟悉的家中或社區中。檢視我國針對高齡照護的全貌，健康的六十五歲以上老人有社區關懷據點作為健康促進、團康、聯誼、共餐之用；經評定為輕、中、重度失能者，則有日間照顧、居家照顧、機構式照顧等等長照服務。然而，亞健康、衰弱（frailty）的年長者並沒有相對應的服務可用。此群體具失能的高度可能性，如果能有服務介入，阻止或減緩生活自理能力的流失，應該有助於減少後續失能的人口數。不同於長照服務較偏重失能者身體照顧，「支持服務」所提供的是年長者的生活幫助，例如：協助購

買日常生活用品、陪同就醫、家務清潔打掃、備餐等，讓高齡者維持一定的生活品質與健康，同時減少因此而發生的跌倒事件，導致失能的發生。

多元的長期照顧服務項目中，包括機構式、社區式、及居家照護，居家照護包括居家護理、家事管理服務、房屋修繕、送膳服務、居家臨托等。由於長期照護服務種類繁多，會因為服務對象疾病嚴重度、家庭照護人力、能力、住家環境等不同而有不同，為能對個案提供一連續性、全人性服務，在複雜及多元的長期照護體系中，藉由單一窗口提供管理、服務與轉介，可達成全人性、連續性、及有效性的長期照護服務。「支持服務」是以支持衰弱、輕度失能或高齡的年長者，在家、在社區生活，並且以維持生活自理能力為核心，目的是為達成預防失能、延緩失能與促進健康等目標。同時，當家庭照顧者提出求救訊號時，社會宜給予家庭照顧者傳遞諸如喘息、諮商等支持性的長照服務，在家庭照顧者使用長照服務後，也應再次評估狀況，以檢視服務成效是否得當；此外，早期且規律的評估，能夠協助政府單位篩檢高照顧負荷的家庭照顧者，以預防被照顧者受虐待、遺棄等事件發生。

就社會工作而言，支持性服務是協助家庭成員運用自己的力量，來減輕家人間需求的壓力所進行的專業服務。其特質在使家庭成員能居住在自己家庭，雖然家庭功能有所不足，但藉支持性服務幫助家庭成員勝任親職角色，使

家庭的需求獲得保障，已持續家庭的功能。例如：子女為照顧年邁失能的父母，能經由專業的支持性服務獲得更好的照護品質。具體的作為如：彭婉如基金會於二〇一六年新推出的「老人支持服務方案」，以開辦提供較短時數、彈性多元支持的到宅/托老服務，提供多元彈性服務讓長者滿足在家生活的自立需求；以實際且直接的行動與服務來幫助照顧者，希望能減輕家庭照顧者的照顧負擔。所進行「多功能日間托老服務」，協助高齡長者健康自立、走進社區，達到「延緩失能」的積極目的。支持性服務回應多數長者都喜歡生活在自在、熟悉的社區生活環境，以「社區連結、健康促進」為目標的「長青元氣學堂」，則促成長者每週固定幾天走出家裡、給自己保持社交、運動、健康促進，讓長者「健康老化」，同時也能在家「自在生活」，讓長輩在社區「自在老」，家人也能「輕鬆顧」的願景。

　　長期照顧若依照顧服務的場所來區分，包括有三種：機構照顧（institutional care）、社區照顧（community care）、家庭照顧（in-home care）。在此三種照顧模式中，大部分老人受家庭照顧，少數住到療（安）養院接受機構照顧。但機構照顧有其侷限，乃發展出社區照顧及居家照顧的型態，其思維是考量到我國深受傳統文化影響，「落葉歸根」及「子女反哺父母」根深柢固；同時，社區係社區居民基於共同需要，循自動與互助精神，配合政府行政支援、技術指導，有效運用各種資源，從事綜合建設，以改進社區居民生活

品質。

在推動社區照顧及居家照顧時，有三個程序：第一，評析需要。第二，規劃方案。第三，執行服務。

第一，評析社區及家庭對居家照顧的需要

建立在地老化的理念和作為，是從國際間的發展經驗及我國的民情需要，以「落實在地服務」，強調兒少、身障及老人均以在家庭中受到照顧與保護為優先原則，各項服務的提供應以在地化、社區化、人性化、切合被服務者的個別需求為原則。以北歐的瑞典為師，則提供具有預防意義的公共長照服務，包含居家照顧、警鈴、送餐、共餐、老人聚會點及交通接送等，除廣受老人歡迎外，對延長老人自立生活、延緩失能惡化是有效預防的政策。老人居家照顧是要發掘並聯結正式與非正式的照顧資源，讓這些資源單位輸送照顧服務給有需要長期照顧的老人，使他們能和平常人一樣居住在家裡生活在社區中，而又能得到適切的照顧。

第二，規劃居家照顧方案

為因應健康促進的全球化發展趨勢，二〇〇五年在泰國曼谷召開第六屆全球健康促進大會並通過「曼谷健康促進憲章」，強調健康促進的落實在於政策與夥伴關係的建立，共同開創一個永續性的目標、策略與行動，透過健康促進方式，處理健康決定因子所需之策略與承諾，肯定全球與國家

發展之重心在於社區賦權、改善健康與健康平等之政策與夥
伴關係，其最終目標在使得個人真正地達到生理、心理、社
會及心靈均衡、安適的狀態。推展老人居家照顧之理念有以
下幾點：

表7－1：推展老人社區照顧的理念簡表

項目	特點
長照需求增加	隨著高齡化社會的來到，老年人口愈來愈多；也隨著醫學的發達，老人長期慢性病患也愈多，需要長期照顧的老人愈來愈多。
機構照顧不足	與社會隔離式的機構照顧，易使案主們在心理上受到損害，並妨礙他們獨立生活能力的需要。
家庭照顧限制	實際上長久以來，大部分有需要照顧的老人都是留在家裡由其家人照顧。但長期照顧下來往往會造成照顧者疲累與壓力。
財政因素	建造和經營照顧機構是昂貴的，尤其是因應福利國家導致的財政危機而縮減福利預算，社會福利部門沒有能力再大量收容有需要照顧的老人。
人性化及社會融合	讓有需要照顧的老人留在家裡生活在熟悉的環境中，並且又能就近得到適切的照顧，相對於遠離家園去到一個陌生的機構接受照顧，這種方式是更具人性化且較符合社會融合的原則。

（資料來源：作者整理）

老化常伴隨生理功能低下，日常生活功能降低，進而影

響生活品質與對醫療與社會資源的需求，高齡化社會中，家
庭功能雖急遽轉變，然而依據內政部相關老人生活狀況調查
發現：老人仍以期望與子女同住或隔鄰而居或與配偶同住。
換言之，老人認為居家是最理想的養老居住方式，因而政府
應針對如何增強家庭照顧能力，提供必要的措施，促使老人
得以居家安養，也符我國傳統孝道倫理，亦是推動社區照顧
的重要思考。

第三，執行居家照顧服務方案

　　「在地老化」（aging in place）為我國長期照顧政策發展
的目標，以避免世界主要工業化國家發展機構服務所導致過
度機構化的缺點，降低照護成本，讓有照護需求的民眾能延
長留在家庭與社區中的時間，保有尊嚴而獨立自主的生活。
然而，支持老人留在社區中生活的相關資源仍有不足，未來
的發展應以強化社區中的居家支持服務為主，結合社區中長
期照護服務與醫療服務資源，提供有需要的老人及其家庭具
整合且持續性的照顧服務，儘量做到在老人居住的地區，就
地提供其所需要的一切服務。因此，我國的老人長期照護政
策應全面朝「在地老化」目標發展，需要努力的方向包含：
　　第一、評估地區民眾長期照護的需求，設定發展目標；
　　第二、發展多元的「在地」服務網絡，服務當地民眾；
　　第三、連結資源建構社區照顧網，提升服務成本效益；
　　第四、優先提供居家支持，降低對機構式服務的依賴；

　　第五、建構財務制度，支持社區式長期照護體系發展。

　　將健康照護知能融入日常生活，民眾健康照護知能的提升及意識的覺醒，皆非屬易事且曠日廢時，必須持續不懈並堅定目標，尋求更多同儕支持，任何成效及挫折都是在轉化家庭、社區的一些助力及阻力，其目的在於不斷地累積向目標前進的能量，家庭、社區的能耐將因而與日俱增。

參、高齡者居家照顧的作為

　　檢視《老人福利法》立法的目的在於：弘揚敬老美德，維護老人健康，安定老人生活，保障老人權益，增進老人福利。其中第17條、第18條有關健康政策的要求，則著重於保健、醫療、復健、輔具、心理諮詢、休閒等服務，含有文化道德（敬老）、健康、生活、權益、福利，是面面俱到的法律，其他佐以《全民健康保險法》、《醫療法》、《敬老福利生活津貼暫行條例》、《安寧緩和醫療條例》等，可看出政府照顧老人的用心。

　　隨著建立服務輸送體系的可近性，積極開發照顧資源，以發揮在地老化政策的主要精神，在於服務輸送的近便性。建立多元老人福利體制，並以在地老化的策略，使老人在家庭和在社區中老化，維護其尊嚴以及獨立自主的生活。並透過家庭政策健全家庭功能，透過社區發展策略健全社區功能，使老人在家庭和社區中老化。因此，以社區營造及社區

參與為基本精神，鼓勵並輔導社區內立案之社會團體普及化設置社區照顧關懷據點，提供初級預防照顧服務。據點服務內涵包括關懷訪視、電話問安諮詢及轉介服務、餐飲服務、健康促進活動，對於偏遠地區或資源缺乏地區，可透過社區照顧服務人力培育過程共同參與。透過在地化之社區照顧，將可使失能老人留在社區生活，延緩老化及進入機構的時間，同時減輕家庭照顧者負擔，預防長期照顧問題惡化，營造健康、福利、互助的溫暖社區。居家護理服務的提供，不應該侷限於治療，還要有預防性的功能，對於接受居家照護服務者，應要有預防性的計劃，避免病人產生其他的疾病，而併發症及感染情形也是應該要特別注意的，如此病人在家中才能有好的健康情形，而居家護理也才有其意義。

隨著高齡化趨勢，健康醫療成為長者所關注，為能發揮醫療機構於急重症患者服務，居家照護是為不需繼續住院，但仍需接受醫療與護理的病人而設的；某一個病人經過專家（指的是醫師或其他專業人員）評定之後，認為居家照護對其健康的恢復及生活品質的提昇有幫助時，病人可以由醫院轉回家中，依需要提供服務，如：二十四小時的醫療服務、社會工作服務、訪視護理服務、家事服務等。依據「推動社會福利社區化實施要點」及老人福利法規，落實「加強推展居家服務實施方案」，提出老人福利服務社區化的項目可以有：老人文康休閒活動、老人志願服務活動、長壽俱樂部、老人人力銀行、長青學苑、餐飲服務、友善訪視、電話問

安、居家環境改善、老人日托、老人健檢、保健服務、短期家務服務、短期居家照顧、居家護理、小型老人安養機構、法律諮詢服務、退休準備諮詢服務等。政府與民間非營利社會服務機構要設立小型化、社區化的福利服務單位，前者例如各地方政府成立的老人福利服務中心；後者例如老人福利聯盟。政府宜因應在地老化的發展，進行相關條文的新增或修正，增訂社區式服務措施，為增強家庭照顧老人之意願及能力，提升老人在社區生活之自主性。高齡化社會中，老人的長期照護需求是最需要面對的重要議題，如何使長期照顧服務需求者獲得有效的服務連結、確保服務的連續性，實與提供長期照顧各類型服務等同重要。

　　政府為推動社會福利服務社區化，於一九九六年十二月十六日核定實施「推動社會福利社區化實施要點」，主要的依據有：

　　第一、社會福利政策綱領暨實施方案，

　　第二、社區發展工作綱要，

　　第三、一九九六年全國社區發展會議結論，

　　第四、敦風勵俗祥和社會行動綱領。

　　居家照護目的為：增進有組織、有計畫的福利輸送，迅速有效照顧社區內之兒童、少年、婦女、老人、殘障及低收入者之福利。強化家庭及社區功能，運用社會福利體系力量，改善受照顧者之生活品質。生活在家中或社區的老人可以依自己希望的留在家中，也可以減少照顧者的負擔，我們

可以更進一步的達到在地老化的目標。同時，結合社會福利
體系與社區發展工作，整合社區內、外資源，建立社區福利
服務網絡，以確保福利服務落實於基層。推動原則為：

表7－2：福利服務社區化的推動原則

項目	特點
福利需求優先化	針對地方特性並按社區需求之迫切性，輕重緩急，促使福利服務之措施，逐項實施。
福利規劃整體化	結合運用社區內、外資源，使福利措施規劃，作全盤整合。
福利資源效率化	充分利用社會福利資源，避免重複浪費，力求提高資源使用效率。
福利參與普及化	啟發社區內、外居民與組織，自動、自發的普遍參與社區福利工作。
福利工作團隊化	結合相關行政單位、福利機構、團體、學校、寺廟、教堂等，共同推動社區福利工作。

（資料來源：作者整理）

　　機構式照顧容易讓人與社區環境產生隔離，使老人的生
活型態異於一般民眾，加上機構內部環境設計偏向醫療取向，
相對冰冷與缺乏溫馨，「去機構化」（de-institutionalization）
的理念逐漸受到推廣，「推動社會福利社區化實施要點」則
著眼於：

一、選定福利社區：省（市）、縣（市）政府原則以社區（或聯合鄰近社區）為核心，以生活共同圈之服務輸送可近性、社區居民參與性、福利資源完整性作為規劃福利社區之範圍，經勘定後實施。

二、確認福利需求：指定專人協助社區訂定計畫，蒐集資料，瞭解民眾之問題及需求，掌握福利服務之現況，協調福利資源之運用，據以實施。

三、加強福利服務：以社區現有之福利工作，繼續加強辦理，進而擴大福利工作項目，充實服務內涵，並結合社區內、外福利服務體系，建立社區福利服務網絡，提升社區福利服務品質。

四、落實社區照顧：推展社區福利機構小型化、社區化，並倡導福利機構開拓外展服務，促使資源有效利用。

五、配合國宅整建：增設福利設施，便利各項福利設施之使用，達成福利可近性之功能。

為了儘量讓老人能夠留在家中，政府應同時建置各種居家與社區照顧服務體系，打造最適當與無縫隙的照顧服務網絡，才能確保老人與家屬獲得完善的生活支持，減少不必要的機構式照顧。

肆、老人居家照顧服務

　　當各先進國家正尋求解決人口老化問題的有效對策時，臺灣也正為人口快速老化、少子化的社會問題感到苦惱，亟思由老人福利政策的檢討，制定更完備的法案，建構更整合性的資源網絡，提供更有效能的福利服務，來滿足老人的福利需求，並減緩問題的壓力。老人居家照顧服務是在增進、維持或恢復個人的健康，或將個人的疾病和殘障程度減少至最小程度，使其盡可能地達到生活上獨立自主之境界。同時，在面對人口老化議題，諸多先進國家也都開始注重家庭照顧者在長期照護中的角色，並給予政策上的支持，既可以延長家庭照顧者提供照護服務角色的時間，也可預防照顧者因為照顧壓力而導致身體疾病而增加醫療使用。

一、老人居家照顧內容

　　老人居家服務是老人福利服務的重要內涵，老人居家服務是指對年滿六十五歲以上身心受損致日常生活需要他人協助之居家老人（含獨居老人），提供適當服務以維護其生活安全，積極照顧其居家生活品質。同時，考量在接受專業治療後使病人能在病情穩定後，盡早返回家中繼續療養，並由專業人員視需要到家服務，提供應有的醫療照顧與指導。使其同時享有連續性、專業性之醫療保健照顧，並繼續居家的生活。其內容有：

表7－3：老人居家照顧內容

項目	特點
家事服務	環境清潔、洗補衣物、個人清潔服務、陪同購物、協助領取物品或金錢、代繳各項費用、家事指導及臨時替代性服務。
文書服務	協助申請各項社會福利措施、健保卡換發、代寫書信及聯絡親友等。
醫療服務	簡易復健活動，陪同就醫、帶領藥品及保健服務（量血壓）辦理入出院手續，提醒服藥，協助使用日常生活輔助器材等。
休閒服務	陪同案主散步，閱讀、聽音樂及參加團體戶外休閒活動等。
精神支持	關懷、情緒支持及電話問安等。

（資料來源：作者整理）

　　根據政府調查顯示，大部份失能長者仍居住家中，台灣失能長者有65%由親人照顧為主，家庭照顧者人數已高達九十萬人，每位家庭照顧者單日投入約十小時的照顧時間，照顧失能者的時間約九.九年，顯示國內的家庭照顧者已面臨龐大的照顧負荷。這些家庭照顧者（family caregiver）被視為長照體系最重要的骨幹（衛生福利部國民健康署, 2014），建構完善的家庭照顧者支持服務迫在眉睫。居家護理的目的是在增進、維持或恢復個人的健康，或將個人的疾病和殘障程度減少至最小程度，使其盡可能地達到生活上獨立自主之境界。

二、政府推展老人居家照顧政策

　　政府為安定老人生活，並使老人的安養及照護問題能獲得適當的滿足，對於大多數不願意或無法到機構就養的中低收入老人和獨居老人，推展：居家服務、日間照顧、營養餐飲、住宅改善、醫療保健等服務措施，希望尊重老人依據自己的意願，選擇自己認為最理想的生活方式，頤養天年。居家護理對身體狀況需要服務的老人與照顧者而言，扮演的角色除了護理上的工作之外，對照顧者也有教育的功能，可以在訪視時教導照顧者相關的醫療知識，再者，對於照顧者的心理建設也有幫助，居家護理人員可以和照個者及家人分享照顧的心情，給予家人支持。

　　於二〇一五年頒布《長期照顧服務法》，內容涵蓋：人員管理、機構管理、受照護者權益保障、服務發展獎勵措施等，以落實對高齡者的安養政策。

（一）居家服務

　　所謂居家服務，即是將服務送到需要服務者自己熟悉的生活環境裡。服務項目包含：1.家務及日常生活照顧服務；2.身體照顧服務等。項服務措施自二〇〇八年度起，納入長期照顧十年計畫「照顧服務」範疇辦理，依服務對象之失能程度核給不同補助額度，輕度失能者每月最高補助二十五小時、中度失能者每月最高補助五十小時、重度失能者每月最

高補助九十小時。另為增進照顧者專業知能及心理調適與情緒支持，俾能持續有恆地提供老人適切的服務。

在居家服務員服務費方面，每小時補助一百八十元，每一個案每月最高補助二十五小時；其中低收入戶老人服務費由政府全額補助，中低收入老人則補助百分之七十，一般老人則可以自費的方式向縣、市政府申請提供居家服務；至督導費，每管理一個中低收入老人個案，每月最高補助五百元；其餘教育訓練或綜合性活動，最高補助三十萬元。

（二）日間照顧

日間照顧服務主要提供輕、中度失能、失智老人，定期或不定期往返日間照顧中心，維持並促進其生活自立、消除社會孤立感、延緩功能退化，促進身心健康，目前由各縣（市）政府結合民間資源提供個案照顧管理、生活照顧服務、復健運動及健康促進活動、諮詢服務及家屬服務等。

（三）營養餐飲

高齡化社會中，國民平均餘命不斷延長，生活自理能力隨年齡增長或健康影響而退損，故須提供營養餐食以減少老人炊食之危險及購物之不便。政府最高補助低收入戶及中低收入失能老人每人每餐五十元，由服務提供單位送餐到家，一方面解決老人炊食問題，一方面讓老人與社會接觸，獲得情緒支持。

（四）設置居家服務支援中心

為積極推動老人居家服務，政府於一九九八年三月十七日函頒「加強推展居家服務實施方案暨教育訓練課程內容」外，並鼓勵各縣、市政府及鄉（鎮、市、區）公所普遍設置居家服務支援中心；作為社區推展居家服務，或提供家庭照顧者諮詢或轉介服務，並就近提供居家服務員相關支援服務的據點，以期更有效率提供老人周全的福利服務。

（五）輔具購買租借與居家無障礙環境改善

為利失能者使享有尊嚴、安全、獨立自主生活，補助失能老人購買、租借輔具，及改善居家無障礙環境等，十年內每人最高補助十萬元為原則，但經評估有特殊需要者，得專案酌增補助額度。

（六）中低收入老人住宅設施設備補助改善

為鼓勵老人留養家中，補助中低收入老人改善、修繕其現住自有屋內衛浴、廚房、排水、臥室等硬體設備，俾維護其居家安全，每戶最高補助新台幣十萬元，已核准補助者，三年內不再補助；租借住宅者需簽約三年以上。

（七）創新服務項目

為提供有需求民眾多元且周延之照顧服務，推動「家庭托顧」及「交通接送」等服務項目：

1. 家庭托顧：家庭托顧係指照顧服務員於住所內，提供失能老人身體照顧、日常生活照顧與安全性照顧服務，及依失能老人之意願與能力協助參與社區活動。
2. 交通接送：補助重度失能者使用交通接送服務，每人每月四次（來回八趟），每次最高補助一百九十元，以滿足失能老人就醫與使用長期照顧服務的交通需求，提高各項醫療與服務措施的可近性與運用。

（八）居家服務督導員訓練課程內容實施

職前訓練課程：合計四十小時（課程三十小時、實習十小時）。訓練期滿後，經考評及格者，由發給結業證明書，即取得擔任居家服務督導員之資格。

部分OECD國家在二十世紀九〇年代後開始削減機構式照顧床數，藉由發展以居家、社區為基礎的長照服務（Home and community-based services），讓家庭照顧者成為長期照顧產業最重要的骨幹（OECD, 2011）。在就地老化的目標下，我們期待給老人一個安心又完善的服務，由相關人員到社區或家中提供服務，對需要者而言是方便的，而且也比機構式的照護服務成本少。

伍、結語

我國居家照顧服務方案，是自一九七一年起以教會醫院

為基礎逐步推進，一九九五年全民健康保險實施後，開始提供「居家照護服務給付」；一九九七年《老人福利法》修法，其中明定：「為協助因身心受損致日常生活功能需他人協助之居家老人得到所需之持續性照顧，地方政府應提供或結合民間資源提供下列居家服務：居家護理、居家照顧、家務服務、友善訪視、電話問安、餐飲服務、居家環境改善及其他相關之居家服務等」。二○○一年醫政、社政、經建部門推動「加強老人安養服務方案」、「建構長期照護體系先導計畫」、「照顧服務福利及產業發展計畫」、「新世紀健康照護計畫」等，皆逐漸擴大居家服務與家庭支持服務層面，和確立「居家及社區照顧為主、機構照顧為輔」的政策目標。

　　社區的公共事務有很多面向，有產業開發、空間改造、環境綠美化、藝文活動、教育學習、醫療保健、福利服務等。福利服務社區化要成功，則需建基在下列兩項基礎上：第一，社區內要有社區化、小型化的福利服務資源單位，方便社區民眾在自己的社區（生活圈）中獲得必要的服務。第二，社區內的各種團體及個人，願意參與到社區中各種福利服務的行列，以使福利的提供者有多種來源，或所謂的多元化，分擔政府的福利負擔。社會福利社區化的最終目的是要讓社區內的民眾像上超商、郵局、派出所一樣方便地獲得福利服務。而在地的社區發展協會正可扮演各種福利服務的提供者，促使福利社會的建制與落實。

附錄

● 「居家服務提供單位營運管理規範」
　請參閱衛生福利部社會及家庭署老人福利網站
　http://sowf.moi.gov.tw/04/02/02.htm

● 「失能身心障礙者補助使用居家照顧服務計畫」
　請參閱衛生福利部社會及家庭署老人福利網站
　http://sowf.moi.gov.tw/04/02/02.htm

● 「照顧服務員訓練實施計畫」
　請參閱衛生福利部社會及家庭署老人福利網站
　http://sowf.moi.gov.tw/04/02/02.htm

● 「照顧服務員結業證明書格式／補訓課程表／
　訓練課程表」
　請參閱衛生福利部社會及家庭署老人福利網站
　http://sowf.moi.gov.tw/04/02/02.htm

● 「加強推展居家服務實施方案暨教育訓練課程
　內容」
　請參閱衛生福利部社會及家庭署老人福利網站
　http://sowf.moi.gov.tw/04/02/02.htm

● 「居家服務教育訓練課程內容」
　請參閱衛生福利部社會及家庭署老人福利網站
　http://sowf.moi.gov.tw/04/02/02_15.htm

第八章
老人社區照顧工作

壹、前言

　　老年社區工作主要以社區中的老年人為工作對象，經過發動和組織區內居民參與集體行動，確定老年人在社區中的問題和需求，動員社區資源來預防和解決老年人問題，培養老年人的自助、互助、自決精神，讓老年人有愉快的晚年生活並維護社區的穩定。社區老年人工作與傳統的老年人服務最大不同的地方是強調老年人的潛能，鼓勵老年人的社區參與，提高老年人的社會意識，讓老年人從一個被動的受助者轉為一個主動的，有自動能力的，維護合理的權益。

　　社區對老年人而言是十分重要並有密切關係，因為老年人是逗留在社區內時間最常的群體。他們具有以下的特性：第一、社區內空閒時間最多的群體；第二、對社區歸屬感很強；第三、多年的社區生活經驗使他們掌握了很多社區資源及建立不少社區聯絡網；第四、同時可藉由豐富人生經驗協助其他群體。運用社區工作方法，可以消除老年人社區疏離

感。而強調以社區為介入點，老年人與社區的關係會較為重視，而社區工作更著眼於發掘老年人的潛能，鼓勵老年人參與社區事務，改善社區生活。

貳、老人社區照顧的理念

社區就是居民生活的主要領域；換言之，涉及生活有關的事物，包括福利、健康、文化、教育、治安、交通、民生等等都與居民有關，因此以社區為主體的老人福利政策思考是具有前瞻性的發展方向。

社區發展的理念是一種以社區為中心，促進居民自覺意識凝聚居民的需求，結合社區的人力、物力資源，透過民主合作的參與，發揮自覺、自助、自動、自發與自治的行動力量，改善居民生活品質，有效帶動社區發展，促進社會變遷的社會發展模式。

先進福利國家的老年社會福利服務體系由多種性質、多種類型和多種層次的服務網絡組成。在工商社會裡，夫妻多為雙薪家庭，老人日間乏人照顧的問題日益凸顯，逐漸的使社區照護觀念受到重視，社區照護的落實必須和其他福利措施相結合，才能發揮福利的功能。依《老人福利法》規定，老人福利機構可分為以下五類，各有不同服務對象。

表8－1：老人福利機構分類

項目	特點
長照機構	以照顧罹患長期慢性疾病且需要醫護服務之老人為目的。
養護機構	以照顧生活自理能力缺損且無技術性護理服務需求之老人為目的。
安養機構	以安養自費老人或留養無扶養義務之親屬或扶養義務之親屬無扶養能力之老人為目的。
文康機構	以舉辦老人休閒、康樂、文藝、技藝、進修及聯誼活動為目的。
服務機構	以提供老人日間照顧、臨時照顧、就業資訊、志願服務、在宅服務、餐飲服務、短期保護及安置、退休準備服務、法律諮詢服務等綜合性服務為目的。

（資料來源：作者整理）

　　以上五類機構得單獨或綜合辦理，並得就其所提供之設施或服務收取費用，以協助其自給自足。地方政府更應視需要設立並獎助私人設立上揭老人福利機構。

　　由於建造和經營照顧機構是相當昂貴的，機構照顧是一種與社會隔離式的照顧，容易使老人們在心理上受到損害，妨礙獨立生活能力的需要。而大部分老人留在家裡由不具有照護專業能力的家人照顧，長期下來往往會造成照顧者疲累與壓力。因此，社區照顧是人性化及社會融合，讓有需要照顧的老人留在家裡，生活在熟悉的社區環境中，又能就近得

到熟識的社區志工適切的照顧，相對於遠離家園去到一個陌生的機構接受照顧，這種方式是更具人性化且較符合社會融合的原則。

隨著高齡化社會的來到，老年人口愈來愈多；也隨著醫學的發達，老人長期慢性病患也愈多。老人福利服務益顯其迫切性與重要性，政府機構、社會資源必須相互為用，以全方位、人性化的需求導向，在健康維護、經濟安全、教育與休閒、安定生活、心理及社會適應、其他福利措施等，提供適切的福利服務，給予長者完善、尊嚴的服務及全人、生活安全的服務與照顧。

政府於一九九六年頒布「推動社會福利社區化實施要點」，社會福利社區化可說是我國重要的社會福利政策之一。依該要點的內容來看，它的範圍在社區內兒童、少年、婦女、老人、殘障及低收入者的福利，屬於福利服務及社會救助的範圍內，彰顯「推動社會福利社區化」的本質意涵。福利服務社區化是八〇年代以來對以往是將集中化、機構化、大型化的服務機構形式，調整為分散化、小型化、社區化的形式。另外，是由福利國家（welfare state）的福利作為朝向為福利社會（welfare society）的方向。福利服務社區化的意涵。

其一，是「在社區中服務」（service in the community）指要讓有需要服務的民眾（含兒童、少年、婦女、心身障礙者、低收入者），可在自己居住的社區（鄰里社區、日常生

活圈、鄉鎮市區）內即可獲得所需要的福利服務。

其二，是「由社區來服務」（service by the community）指福利服務不只由政府來提供，也鼓勵社區內各種團體與個人，例如宗教團體、民間志願團體、企業團體及社區人士來提供福利服務。更具體言之，福利服務社區化的目的有三（陳武雄，1997）：

表8－2：福利服務社區化的目的簡表

項目	特點
可近與方便	福利服務取得的可近性、方便性，亦即指讓有需要的民眾在自己的社區內就近取得、享有各種福利服務，方便案主。
社會整合	指因著正常化（normalization）、去機構化（deinstitutionalization）的概念，讓有需要的人士不必到會造成社會隔離的機構式院舍才得到服務，而是留在社區中即可得到服務並過正常的社會生活。
體現福利社會	為了減輕政府的福利支出，修正福利國家所造成的政府龐大負擔，而改為福利社會，政府與社會（社區）成為福利服務的夥伴關係。亦即福利服務的提供不再單由政府承擔，也鼓勵、希望民間社會參與，包括運用社區力量去提供福利服務。

（資料來源：作者整理）

為達到老人長期照顧，若干先進社會採取「福利社區化」的政策方向；福利社區化採取就近性，以生活圈的概念

重組與整合社區人力物力資源，其基礎在於以福利需求的共通性為核心，參考其區位特性、人口資源、社區文化、生活習慣，畫出福利區位的周延定位；以此為基礎標示出區域的需求及發展特色，以便建立福利輸送的實踐作為，達到居民的生活品質的提升。

「在地老化（aging in place）」，是世界先進國家面對老化的重要新趨勢。是用在地的資源照顧老人，讓老人在自己熟悉的地方自然老化，不因老了就必須被迫搬離家園。在地老化的概念最早起源於北歐，一九六〇年代，當時照顧老人都是以機構為主，例如護理之家或養護機構，但是老人在機構中，生活拘束又缺乏隱私，不夠人性化，因此興起回歸家庭與社區的想法。瑞典讓老者回到家庭與社區中，把照顧的資源提供到家庭或社區中，按老人不同需求，提供不同服務。例如行動不便的獨居老人，就幫他購物；糖尿病又不方便上醫院的老人，就由護理人員到家裡幫他打針，因此大量減少機構的床位。

參、老人社區福利的推動

社區是居民生活共同圈，它對老年人尤具有其意義與價值，為使老人能在熟悉環境中得到安養照顧，也能延續老友的互相關懷慰訪，充實生活情趣。換言之，藉由社區資源協助提供社區需求的滿足，乃推展社會福利社區化主要精神。

因此，有計畫、有組織的建構社區福利服務網絡體系，俾能有效落實社區式安養；尤其是對單身或扶養義務人無扶養能力者，更有其迫切性的需要。

「在地老化」的政策目標，居家優先的政策推動原則，政府於二〇〇四年修正核定的「社會福利政策綱領」之「福利服務」專章明訂我國老人照顧政策之基本原則－「以居家式服務和社區式服務作為照顧老人及身心障礙者的主要方式，再輔以機構式服務；當老人及身心障礙者居住於家內時，政府應結合民間部門支持其家庭照顧者，以維護其生活品質。」

一、健康維護措施

高齡者隨著年齡的增加，因為老化而引起的生理的變化，使得高齡者逐漸喪失健康及社會上的優勢，使高齡者成為社會中的弱勢族群。健康維護對長者而言是增進生活品質最重要的因素，活動理論指出活動力對於一個老年人的影響程度是很大的，活動力大的老年人可以透過社會活動的參與而獲得較大的幸福感與滿足感，相對的身心上也會覺得較為年輕化與健康。

二、提供經濟安全補助

根據「臺閩地區老人狀況調查」結果發現，六十五歲以上國民對於未來生活上最擔心的問題，以「健康問題」的比

表8－3：老人健康維護措施

項目	特點
老人預防保健服務	依據「老人健康檢查及保健服務項目及方式」，規定老人健康檢查及保健服務項目及辦理方式，各直轄市、縣市政府即據以配合全民健康保險成人預防保健服務項目辦理老人健康檢查。
中低收入老人醫療費用補助	為降低低收入戶就醫時之經濟障礙，對於其應自行負擔保險費、醫療費用，由政府予以補助；至中低收入年滿七十歲以上老人之保險費亦由政府全額補助。
中低收入老人重病住院看護費補助	為使老人因重病住院無專人看護期間，能獲得妥善照顧並減輕其經濟負擔，辦理中低收入老人重病住院看護費補助。

（資料來源：作者整理）

表8－4：老人經濟安全補助分類

項目	特點
低收入戶老人生活補助	為照顧未接受機構安置之低收入戶老人生活，每月平均補助每人生活費用，以維持日常生活所需。
中低收入老人生活津貼	為安定老人生活，凡六十五歲以上未經政府公費收容安置之中低收入老人，其家庭總收入平均每人每月未達最低生活費用標準一·五倍至二·五倍者，每人每月發給三千元，而一·五倍以下者，則發給六千元。
中低收入老人特別照顧津貼	領有中低收入老人生活津貼，未接受收容安置或居家服務補助，經鑑定醫療機構診斷證明罹患長期慢性病，日常生活活動功能量表評估為重度以上，可申請每月五千元補助。

（資料來源：作者整理）

例最高，佔了23.99%，其次是「經濟來源問題」，佔了16.17%。顯然健康與經濟問題是目前老人最重要的需求之一。（內政部，2002）

三、教育及休閒育樂活動

　　台灣已步入高齡社會，在國人之健康生活充足、平均壽命延長之情形下，65歲以上老人退休之後的生活安排，顯得格外重要。除了部份老人投入再就業市場之外，隨著年齡的增長，適合老人的休閒、文康活動也與年輕時不同，且老人對於提昇精神生活的重視度也益加提高，故對於老人精神生活之充實將著重益智性、教育性、欣賞性、運動性並兼顧動靜態性質活動，以增進老人生活之適應及生命之豐富性。為充實老人精神生活、提倡正當休閒聯誼、推動老人福利服務工作，輔導鄉鎮市區公所興設老人文康活動中心，並逐年補助其充實內部設施設備，以作為辦理各項老人活動暨提供福利服務之場所。

四、提供居家、社區、機構照護服務

　　隨著傳統家庭價值逐漸式微，大部分的老人經濟安全需求除了由政府負擔外，長者安養照護責任也逐漸由機構或政府所取代。

表8－5：老人照顧服務分類

項目	特點
居家照顧服務	為增強家庭照顧能力，以使高齡者晚年仍能生活在自己所熟悉的環境中並獲得妥善的照顧，積極推動老人居家服務。
社區照顧服務	針對身心障礙中低收入之獨居老人，提供「緊急救援連線」服務。家庭照顧者因故而短期或臨時無法照顧居家老人時，可安排老人至安養護機構，由其提供短期或臨時性照顧。
機構養護服務	補助民間單位積極興設老人養護、長期照護機構，同時輔導安養機構轉型擴大辦理老人養護服務，以增加國內老人養護及長期照顧的服務量。

（資料來源：作者整理）

五、加強辦理老人安養服務方案

1. 為落實「加強老人安養服務方案」，藉由建立老人保護網絡體系、居家服務與家庭支持、機構安養、醫護服務、社區照顧及社會參與、教育宣導及人才培訓等措施，以達保障老人經濟生活，維護老人身心健康，提升老人生活品質。

2. 提供獨居老人緊急救援連線服務：為加強對獨居老人的關懷照顧，保障其生命財產安全，適時提供緊急救援服務。

六、設置老人諮詢服務中心

為增進老人生活適應，設置老人諮詢服務中心，透過社會上對老人心理、醫療護理、衛生保健、環境適應、人際關係、福利與救助等方面具有豐富學識經驗或專長人士參與，對老人、老人家庭或老人團體提供諮詢服務，協助解決或指導處理老人各方面的問題。

七、老人教育及休閒育樂活動

為充實老人精神生活、提倡正當休閒聯誼、推動老人福利服務工作，輔導鄉鎮市區公所興設老人文康活動中心。

八、積極輔導未立案機構立案事宜

協助未立案老人安養護機構，經政府透過「輔導」、「取締」雙管齊下之作法辦理下，以達到社會需求的標準。

九、規劃老人福利機構評鑑

為加強老人安養護機構之監督及輔導，保障老人權益，促進老人福利機構業務發展，提昇服務品質，辦理老人福利機構評鑑。

十、鼓勵民間單位積極擴（改、新）建老人養護機構

針對老人就養需求殷切及就養機構缺乏地區，優先獎助

民間設置及增加公立老人養護床位，疏解老人安養、養護問題，改善及充實設施設備。

在家庭規模愈來愈小的現實狀況考量下，不可能單由家庭來承擔這樣的照護責任，更不可能要求家庭的子女或是親友完全獨攬老人的照護工作；機構照護的存在對三項以上日常生活活動（ADLs）或工具性日常生活活動（IADLs）的失能老人，確有其必要性，但對於一些尚有自理功能的老人，社區照護結合在地老化、人性化照顧等理念，應予以落實。

肆、社區照顧的相應作為

我國因面臨家庭功能的轉型與人口結構的改變，而使老人居家安養問題，應予相當的支持，俾以維繫其功能，或藉由必要的社區資源或福利社區化之措施協助長者仍能在熟悉的社區環境中頤養天年，若因健康問題、生活自理能力退損、乏人照顧者則以機構安養服務；總之無論是居家服務、社區照顧或機構養護均應尊重長者的自主選擇，應予有尊嚴的服務及生活安全的保障。長期照顧若依照顧服務的場所可區分為：機構照顧、社區照顧、家庭照顧等三種。所謂「社區照顧」，是指動員並整合社區內的人力、物力、財力等資源，針對社區中不同對象的不同需求提供各項福利服務，使其能在所熟悉的環境中就近取得資源獲得協助以滿足其需求。有研究指出，社區老人對於家事服務、餐飲準備、持續

性照顧、個人照護及護理照護等各項服務，無論是實際使用及自覺需要的比例皆呈現上升趨勢；就服務提供者而言，家人朋友鄰居仍是家事服務、餐飲準備、持續照顧、個人照護及護理照護等各項服務的主要提供者，但隨年紀漸增，使用機構或受雇者所提供服務的老人比例顯著上升（謝穎慧，2002）。

在地老化亦可認定為老人在自己熟悉的社區中老化，為落實執行在社區中老化的老人福利政策，必須首先建全社區功能。過去幾年來，政府在推動福利社區化的工作，已逐漸落實在社區的基礎上，社區日托中心、社區老人活動中心、社區老人營養午餐，以及各種社區內老人福利服務工作，如老人運送服務，社區老人緊急救助體系，獨居老人社區服務等工作逐漸落實在社區基礎上。為使老人能在熟悉的社區中得到安養照顧，也能補強居家安養提供的不足，政府正有計畫、有組織的結合民間單位，辦理相關的社區照顧服務，尤其對獨居老人或因行動不便而其子女均在就業無法提供家庭照顧之老人，更有其需要及迫切性。

所謂「社區照顧」是指動員並整合社區內的人力、物力、財力等資源，針對社區中不同對象的不同需求提供各項福利服務，使其能在所熟悉的環境中就近取得資源獲得協助以滿足其需求。現階段，社區照顧的主要措施包括老人保護、營養餐飲服務、日間照顧、短期或臨時照顧等。現階段，社區照顧的主要措施包括老人保護、餐飲服務、日間照

顧、短期照顧等，分述如下：

一、老人保護

　　老人遭受家人的疏忽或虐待較不為人所察覺，而其居家安全甚為重要。是以《老人福利法》新增老人保護專章規定，加強推動建立各地方政府之老人保護網絡體系，提供法律諮詢服務、協助驗傷醫療、諮商輔導、委託安置等，以落實各項保護措施。為加強對獨居老人的關懷照顧，保障其生命財產安全，針對身心障礙中低收入之獨居老人，提供所謂的「緊急救援連線」服務，每人每月最高補助一千五百元租金。所謂生命連線緊急求援系統（LIFELINE），它包含了一組連在用戶電話上的主機及一個無線遙控防水防塵的隨身按鈕，可當項鍊配戴也可配掛在腰帶上，用戶隨時需要幫忙時，他們只要按下這隨身按鈕，訊號將可透過主機在機秒內傳送到LIFELINE生命連線控制中心，專業的護理人員將立刻與用戶透過語音系統溝通，和用戶取得連繫，如需要幫忙時將立即連絡用戶所指定的緊急連絡人或救護車前往，確保用戶的安全。

二、日間照顧

　　對於沒有接受居家服務或機構安養之獨居老人，或因子女均在就業無法提供家庭照顧之老人，政府設置日間照顧中心，白天由家人將老人送到日間照顧中心，由中心提供生活

照顧及教育休閒服務，晚上將老人接回家中，可以享受家人的溫情關懷。藉由日間照顧不僅可增進老人社會活動參與，並可提供家庭照顧者休息的機會。日間照顧之模式計有二大類，一為醫療模式：提供醫療及復健服務，即衛生單位主管之「日間照護中心」；二為社會模式，提供餐飲及活動安排，即社政單位主管之「日間照顧中心」。

三、餐飲服務

在高齡社會國民平均餘命不斷延長，生活自理能力隨年齡增長或健康影響而退損，故須提供營養餐食以減少高齡老人炊食之危險及購物之不便。對於低收入戶及中低收入老人，政府最高補助每人每餐五十元，又為鼓勵志願服務人員參與送餐服務關懷照顧老人，並補助志工交通費最高每人每日一百元。有關用餐方式，對於行動自如之老人，係選定適當地點提供餐飲集中用餐；至行動困難者則以送餐到家的方式辦理，一方面解決老人炊食問題，一方面讓老人與社會接觸，獲得情緒的支持。

四、短期照顧

當家庭照顧者因病或因故而短期或臨時無法照顧時提供短期或臨時性照顧，以疏緩家庭照顧者之壓力、情緒及增進專業知能。

為補強居家安養不足或需求，社區資源體系的介入是必

要的，用以彰顯社區安養與居家安養之相輔相成，相得益彰之效。經由社區所提供之日間照顧、短期照顧服務等，對於子女均在就業，或照顧人力不足之家庭具有短期紓緩壓力或情緒的助益；對高齡、獨居老人提供之營養餐飲服務，亦有減少炊食不便或危險，增進老人社會參與之效益。隨著高齡化，仍應繼續強化社區照顧資源網絡的相互聯結，整合相關福利服務輸送體系，俾能落實老人福利的增進。

　　所謂「社區照顧」是指動員並整合社區內的人力、物力、財力等資源，針對社區中不同對象的不同需求提供各項福利服務，使其能在所熟悉的環境中就近取得資源獲得協助以滿足其需求。為使老人能在熟悉的社區中得到安養照顧，也能補強居家安養提供的不足，政府正有計畫、有組織的結合民間單位，辦理相關的社區照顧服務，尤其對獨居老人或行動不便，而其子女均在就業無法提供家庭照顧之老人，更有其需要及迫切性。從社會運作的角度來看，社區居民參與活動可使社區居民或社會公民因彼此合作而互蒙其利。加強老年人的社區參與。社區參與可以肯定老年人的價值，而老年人更可在參與過程中發掘自己的潛能及能力，減低孤獨感，建立積極的人生觀，並且提升晚年的生活品質。

一、社區照顧的相應作為

（一）支持體系的建構

　　社區照顧的過程中，因應的是「在地化」的落實，然而如何建構完整且周詳的社區支持體系是應該被考量的。其體系的建構宜考量照護體系並非一項就能完成案主所有的需求，且每個個案也都有其獨特性的需求，因此如何建立連續性、不分段的服務體系是相當重要的。連續性的概念內涵包含了以下幾項：強調服務內涵的周延性與完整性、服務場域與內涵的互通性與選擇性、服務輸送之協調與整合。同時，在提供服務的過程與維繫服務完整性的概念下，社區照護的提供並非機構或是家庭能夠完全負擔的責任，而是兩方皆得彼此合作的部分，且社區支持體系中，正式支持的部分居多，因此如何連接正式與非正式的體系，不將責任偏重一方，整合兩方的服務成為完整連續的服務體系；而且這部分正式體系建構也需要政府單位經濟與技術的投入，以協助整合的周延完整。

（二）專業團隊的建立

　　根據聯合國頒布的老年人宣言，老年人應受到各種基本人權的保障。社區照護的過程中，不少的專業團隊及技術涉入其中，其涵蓋的包含醫療、社會、心理甚至是心靈的層面。因此照護工作宜充分結合衛生單位或社會服務單位的資

源，而從兩種體系下所設的「居家服務支援中心」及「長期照護管理示範中心」，把握「專業」的原則。促使老年族群在生理變化的影響下，健康與社會服務間的分工與關係是協助案主獲得較好照護的重要作為。因此應建立專業的團隊，以共同分享並提供資源給照護的群體。

（三）個案模式的應用

要維護老年人權益，社區照顧工作會較其他工作方法更適合。社區工作除了強調權益及資源的爭取外，更強調在過程中讓服務對象能有尊嚴的參與。

（四）專業能力的提升

社區照護是多面向的照護工作，須結合醫療、護理、心理、營養、社工甚至宗教團體等專業，成為一個跨科技的團隊，照護人力的培養與技術的提升便是相當重要的一部分。

（五）財務制度的健全

社區工作者可根據社區老年人的不同需求提供服務，而照護工作原本就是勞力密集的工作，相對地也是高成本的照護工作，這樣的社區照護工作不能由家庭獨立來負擔，也無法全然由政府來承擔這樣的支出，因此使社區照護的財務制度能夠更為健全，以支應老人社區照護工作的進行是相當重要的。

二、社區照顧政策

社區照顧政策的主要精神，在於服務輸送的近便性。現行雖已有居家、社區及機構式等服務提供，並設置長期照顧管理中心、居家服務支援中心、老人福利服務中心等服務窗口，惟考量人口老化速度急遽，現行之服務窗口普及性仍有不足，民眾使用之可近性仍不高；再者，初級預防照顧服務仍較為缺乏。因此，政府於二○○五年公佈「建立社區照顧關懷據點實施計畫」，二○○八年修正公佈「建立社區照顧關懷據點輔導計畫」，以社區營造及社區參與為基本精神，鼓勵並輔導社區內立案之社會團體普及化設置社區照顧關懷據點，提供初級預防照顧服務。其中的要點為：

表8－6：建立社區照顧關懷據點實施計畫簡表

項目	特點
服務目的	1. 以長期照護社區營造的基本精神，關懷社區老人，並運用社區互助支持系統，增進社區關懷意識，提供老人社區化之預防照顧服務。 2. 結合社區現有資源，強化原有社會支持系統，並開發新的社會資源，發展契合社區需求之照顧模式，以建構完善之社區照顧支持網絡。 3. 結合各項資源，提供關懷訪視、電話問安諮詢及轉介服務、餐飲服務、健康促進等多元服務，提昇社區老人生活品質。
服務對象	服務區域內設籍並年滿六十五歲以上之長輩及身心障礙者。

項目	特點	
服務項目	辦理關懷訪視、電話問安、諮詢及轉介服務、餐飲服務、健康促進等多元服務。	
服務方式	關懷訪視	對於社區中獨居之長輩、家中有特殊需求之長輩、身心障礙、行動不變或長期臥床之老人，了解其健康狀況，給予情緒支持及紓解，並建立特殊問題發現及通報機制，成立「居家問安關懷組」志工隊，於各社區中招募具愛心、耐心、願意服務老人、自備 交通工具及每一週或每兩週可外出訪視提供一次四小時的服務，並協助進行居家問安關懷服務之志工。
	問安諮詢	針對社區中獨居之長輩、行動自如且平日家中仍有家屬但參與社區活動意願低的老人或家中有特殊需求之長輩（如：子女缺乏照顧能力之長輩）提供服務，另有健康問題需提醒追蹤之長輩為次要服務對象。藉由電話關懷，予以情緒支持及紓解，並提供長輩簡單福利諮詢及介紹。
	轉介服務	對有特殊狀況者，通報相關單位處理（如：老人保護個案的通報）。對社區內行動不便、生活無法自理、獨居或乏人照料之長輩，提供外送服務，解決其中、晚餐用餐問題。

項目		特點
服務方式	健康促進	提供文康休閒活動設施如書報雜誌、卡拉OK、健身器材及各種棋藝設備，增進老人休閒生活情趣，促進老人身心健康，俾以聯絡彼此間之感情，進而提昇社區老人生活品質。舉辦各項文康休閒活動，吸引社區老人使用據點的文康休閒服務設施，擬規劃於每月至少進行二次各類不同的休閒活動競賽，如棋藝比賽、運動競賽、閱讀比賽等。開辦各種課程講座如身體衛教保健講座、體能活動（如：氣功教學、元極舞教學等）及文藝活動課程（如：語文課程教學、文康活動教學等）。另外，推廣老人健檢活動為長輩提供健康管理、預防照護服務。

（資料來源：作者整理）

　　高齡社會的來臨，最直接面臨的挑戰就是老人照顧問題。過去傳統社會多由家中的婦女擔負起主要的照顧責任，然而台灣的婦女勞動參與率也逐漸提昇，從人口及家庭結構的改變，顯示老人的長期照顧問題實具其迫切性，急需政府結合社會整體力量，老人福利服務益顯其迫切性與重要性，是以更應不斷鑽研相關知能，分享服務經驗，藉以提昇服務品質，因應需求拓展服務項目，使政府機構，社會資源相互為用，以全方位、人性化的需求導向，推動妥適的政策與措

施，提供適切的福利服務資源以協助家庭，使老人照顧問題
獲得適當的因應。

伍、結語

在高齡人口急遽增加之時，在宅老化與在地老化是世界
各國發展老人照護政策的最主要目標，也是最符合國內老人
期望的政策取向。然而，由於現行國內相關長期照顧資源以
機構式為主，且存在機構或病床數分配不均的現象，致使無
法完全落實在地老化。據此，未來的老人醫療保健應配合長
期照顧保險的規劃實施，適度減輕老人及其家屬的經濟負
擔，使其可獲得適當的醫療保健照護。具體做法包括：

第一、結合社區志願服務團體，提供臨時性的喘息服
務，給予家庭照顧者必要的支持；

第二、開辦「服務時間人力銀行」，鼓勵社區居民志願
參與社區照顧工作；

第三、改革公立醫療體系並設法與社區生活結合，除了
提供必要的醫療服務外，更應強調社區居民中老年病的預備
與控制，共同建構一個健康的生活環境；

第四、整合各類長期照顧服務與醫療保健資源，落實在
地老化政策，建構一個完整的社區照顧網絡；

第五、研擬老人長期照顧保險的規劃，提供老人及其家
屬適當的長期照顧，並適切減輕其經濟負擔。

　　為促進社區老人身心健康，落實在地老化及社區營造精神，政府「建立社區照顧關懷據點實施計畫」，結合有意願的社會團體參與設置社區照顧關懷據點，由當地民眾擔任志工，提供關懷訪視、電話問安諮詢及轉介服務、餐飲服務、辦理健康促進活動等，以延緩長者老化速度，發揮社區自助互助照顧功能，並建立連續性的照顧體系。這將是迎對高齡社會的重要作為。

> ## 附錄
>
> ●「建立社區照顧關懷據點輔導計畫」
> 　請參閱衛生福利部社會及家庭署老人福利網站
> 　http://sowf.moi.gov.tw/04/02/02.htm
>
> ●「建立社區照顧關懷據點實施計畫」
> 　請參閱衛生福利部社會及家庭署老人福利網站
> 　http://sowf.moi.gov.tw/04/02/02.htm

第九章
老人長期照顧

壹、前言

　　高齡社會的快速變遷，引發新的需求與問題，已成為政府及民間關注的焦點，因而也須有相對的規劃、因應對策與措施，乃至法規的修訂，俾使立法、政策、服務合一，有效落實老人福祉。人口老化對人類生活的影響是全面且深遠的，就經濟面：對經濟成長、財物儲蓄、市場投資、消費行為、勞動參與、年金給與、代間移轉等；就社會面：健康照護、醫療保健、家庭組成、居住安排、住宅型態、居家環境等；就政治面：對社會政策、福利立法、投票行為等都多有衝擊，這是促使社會須積極擬定對策，以因應高齡社會的來臨。

　　二○○三年政府通過「照顧服務福利及產業發展方案」，開始鬆綁調整相關法規及措施，以積極引進民間參與機制，充實多元化照顧服務支持體系，銀髮產業逐漸萌芽。

貳、機構照顧的類型

　　依據《老人福利法》規定：「為滿足居住機構之老人多元需求，主管機關應輔導老人福利機構依老人需求提供下列機構式服務：住宿服務、醫護服務、復健服務、生活照顧、膳食服務、緊急送醫、社交活動、教育服務、日間照顧、其他相關之機構式服務。」

　　根據衛生福利部對於長期照護工作的規劃：「長期照護是指針對需長期照護者提供綜合性與連續性之服務；其服務內容可以從預防、診斷、治療、復健、支持性、維護性以至社會性之服務；其服務對象不僅需包括病患本身，更因考慮到照顧者的需要。」長期照護體系是屬於我國醫療保健體系中「公共衛生及預防保健」及「急性醫療」之後的「復健及後續性服務」。提供服務的單位包含有「慢性病床」、「護理之家」、「養護機構」、「安養機構」等機構式照護，以及「日間照護」、「居家照護」、「在宅服務」、「其他社會服務」與「家庭照顧」等居家或社區式的照護。

一、機構服務型態

　　機構式服務依不同的服務對象，可分為下列五大類機構型態：

表9－1：機構式服務型態

項目		特點
長期照顧機構	長照型機構	以罹患長期慢性病，且需要醫護服務之老人為照顧對象。
	養護型機構	以生活自理能力缺損需他人照顧之老人或需鼻胃管、導尿管護理服務需求之老人為照顧對象。
	失智照顧型	以神經科、精神科等專科醫師診斷為失智症中度以上、具行動能力，且需受照顧之老人為照顧對象。
安養機構		以日常生活能自理之老人為照顧對象。
護理之家		以照顧罹患長期慢性疾病且需要醫護服務之病人。
身心障礙福利機構		提供身心障礙者托育養護照顧。
榮譽國民之家		提供榮譽國民之安養、養護、失智症照顧。

（資料來源：作者整理）

二、機構照顧特色

參酌世界先進社會的機構照顧方式，具有以下特色：

（一）美國

美國對於長期照護強調的是：「針對慢性病或精神病患所提供的包括診斷、治療、復健、預防、支持與維護等一系

列的服務，其服務措施包含機構式與非機構式的照護，目的在提昇或維持受照顧者最佳的身、心、社會功能狀態。」居家及社區整合照護模式（Programs of All-inclusive Care for the Elderly, PACE）是一種針對長者的醫療及長照需要，提供必要的居家及社區照護使其能繼續住在自己家中，並結合政府健保的一種照顧模式。對象是依賴程度已達到需要住在護理之家的低收入長者。其所包含的服務項目內容有：

表9-2：美國機構式服務型態

項目	特點	
居家及社區整合照護模式	1. 日托中心提供醫師或專科護理師診療、護理人員照顧、預防保健、社工、物理及職能治療、語言治療、遊戲治療、營養諮詢、個人生活協助服務、雜務處理服務、交通接送、餐食等。 2. 居家服務包括居家照顧、個人生活協助服務、家務服務、餐食等。 3. 專科服務有專科醫師診療、聽力、牙科、視力及足部診療。 4. 其他醫療服務包括處方用藥、檢驗、放射檢查、醫療輔具、門診手術、急診及就醫交通服務等。 5. 住院服務包括醫院、護理之家、及專科醫師的治療等。	
入住型照護	護理之家	依賴程度最高並需要醫療或護理照護的個案提供全天候的照護。
	集合式老人住宅	為尚能獨立生活，但需要部分醫療或護理照護的個案提供居住與照護服務。

項目		特點
入住型照護	輔助式生活	為尚能獨立生活，不太需要醫療或護理照護，但需要生活協助的個案提供的居住與生活協助服務。
	獨立生活住宅	給生活完全能夠自理的長者獨立居住的空間，但又提供一些保健、三餐、休閒、社會活動或交通服務供長者依照其需求選擇使用。
服務內涵	基本服務	個人服務（ADL），護理服務，社會服務，活動性治療，交通，膳食營養，緊急狀況處置，教育。
	額外服務	物理治療，職能治療，語言治療，醫療服務。
	設置條件	服務人力與老人之比例規定（1：6～1：8），服務人員之專業資格規定（行政人員、專業人員及庶務工作人員），個人及總體活動空間規定，環境設計及氣氛規定，環境安全與衛生。

（資料來源：作者整理）

　　以上所列的各類入住型照護住宅多是獨立、分別設立及經營，但也有不少機構將這些住宅與服務加以整合規劃，在一個完整的園區內形成一種連續型的照護與居住服務，這就稱為連續照護退休社區（Continuing-Care Retirement Communities, CCRCs）。

（二）加拿大

　　加拿大對長期照護工作強調：「提供持續性的照顧服務，以協助個人得以獨立居住在自己家裡，若有必要則協調相關機構，使其獲得所需的機構照顧。」同時建構「系列性照護（continuum of care）」，強調是一種整合的服務體系，包括：居家照護（home nursing care）、社區復健（community rehabilitation）、緊急回應小組（quick response team）、醫院聯絡（hospital liaison）、資源中心（central-intake）及長期照護，長期照護只是系列性照護的一環。該體系以「照護」為主，而非以「治療」為主。其主要成員非以醫師為主，而是為護理人員或其他醫療團隊成員。

表9－3：加拿大老人安養機構型態

項目		特點
服務項目	個案支持	提供資訊與協談；
	監護	行蹤掌握；
	監督狀況	記錄身心變化，協助用藥，協助日常生活功能，膳食營養，交通安排，護送服務，照顧者支持服務。
設置條件		服務人力與老人之比例規定（服務時間至少有二名以上專業員工），負責人資格及應負責任之規定，個人及總體活動空間規定，環境設計以強化或維持老人獨立功能為原則，環境安全與衛生。

（資料來源：作者整理）

（三）法國

　　在福利多元主義的發展趨勢下，「混合式經濟的照顧」（mixed economy of care）是歐洲老人社會照顧政策的方向，在俱增的需求和有限的國家資源下，也逐漸採用福利多元主義的政策，加重家庭、志願部門和營利部門的貢獻，因此政府與民間部門的關係將是一項重要的課題。

表9－4：法國老人安養機構型態

項目	特點
高齡者住宅	自主性高的老人入住為主，可自行生活自理活動，供應餐飲，長期照護服務、準醫療服務及休閒等。
老人之家	分有公立與私立機構，提供長期照護服務，但不提供醫療行為服務。

（資料來源：作者整理）

（四）荷蘭

　　長期照護之實質內涵，係為醫療照護與生活照顧二大層面的結合，其發展皆以確保良好的安全與品質為首要目標。是一種跨專業的團隊服務，失能老人的照護更應結合多重的正式及非正式資源（家庭成員、親友、社區志工），各服務層級之間的轉介、追縱、資源分享及網絡都需要統整與協調，以提供失能老人適切的健康服務，滿足其生理、心理、

表9−5：荷蘭老人安養機構型態

項目	特點
護理之家	某種身體障礙，無法單獨住在家裡的年長者，經過市鎮的需求評估的審核，可以住到護理之家，費用完全由重症醫療保險支付。護理之家提供醫療、護理、用藥、與心理輔導的服務
精神護理之家	有失智症的心智障礙的年長者，申請與費用給付機制與一般的護理之家情況類似。
長者之家	給健康情況仍能自我照顧的長者居住，提供醫療、生活與活動服務給住民使用。年長者可以自費入住長者之家，或者透過市鎮的需求評估委員會申請入住，經過社工或護理師的評估，若符合入住資格，便會予以安排，這種情況下荷蘭的高額醫療保險給付大部分的入住費用，住民只須繳交些許部分負擔（會考量住民的經濟能力而有不同的部分負擔額度）。

（資料來源：作者整理）

社會及經濟層面的需求。

　　護理之家的平均入住年齡逐年上升，目前已經超過八十歲。許多長者之家與護理之家也開始轉變服務型態，提供送餐、在宅通報系統、短期/喘息服務、居家服務、居家環境改良、與輔具租借等服務。

（五）日本

　　由於人口老化程度較高，加以社會的重視，日本政府於

健康照護體系中扮演的角色似乎也受到福利多元主義的影響，長久以來認為福利服務不應由私人營利提供，但有鑑於基層政府發展照護資源的步伐緩慢且效率不佳，開始准許基層政府可以向私人營利機構購買居家照護。目前於機構照護上有多種類型，包括下列幾種類型：

表9－6：日本老人安養機構型態

項目		特點
老人福利機構		1. 養護老人院。 2. 特別養護老人院。 3. 低費老人院（A型、B型及護理之家）。 4. 老人福利中心（特別A型、A型及B型）。 5. 老人日間照護機構（因應失智症老人之日間通院型及其他）。 6. 老人短期收容機構。 7. 老人照護支援中心。 8. 收費老人院（私設）。
介護照護的設施	養護中心	特別養護老人院。
	保健設施	老人保健設施。
	介護醫院	療養型病床、老人痴呆患者療養病院、介護力強化病院。
長期照護機構		1. 福利照顧設施（護理之家）。 2. 長者照顧健康設施（長者健康設施）。 3. 照顧醫療設施（醫院長照病房）。

項目	特點
單位照護	以家庭式的個別照護為目標的照護支援與環境提供。從過去基於工作人員的立場考量的流程作業式照護（效率優先的照護）轉換為與利用者共同生活的照護（重視社區的照護）的革新照護型態。實施「單位照護」的老人機構有： 1. 特別養護老人院（主要）。 2. 老人保健機構（主要）。 3. 養護老人院。 4. 醫療機構。 5. 療養型病床群。
老人醫院	《老人保健法》實施後，新設立子老人醫院。病房中有百分之七十是六十五歲以上老人住院者稱作「特殊許可老人醫院」；有百分之六十是七十歲以上老人住院者稱作「特例許可外老人醫院」。二者都必須經都道府縣知事的許可才能營業。老人醫院比一般醫院收費低廉，診療報酬由保險給付。

（資料來源：作者整理）

　　借鑑國際先進經驗，隨著失能民眾照顧需求的增加，以及服務模式朝向多元化方向發展，如何有效運用資源為失能民眾提供適當的照顧服務成為政府的努力方向，照顧管理制度乃應運而生。

參、機構照顧的內涵

　　「人口老化」是全球化議題，而長期照護是臺灣也是全球最重要的衛生與社會福利政策。

一、機構照顧的規定

　　老人福利於長期照顧服務，依照《老人福利法》的規定，目前老人安養照顧機構依據業務性質、收容對象與服務內容可區分為三種：

表9－7：老人安養照顧機構服務內涵

項目	收容對象	服務內容
老人安養機構	健康狀況好、可以正常走動並能自我照顧的老人。	三餐飲食、文康休閒、生活安排、身體保健或其它等服務。
老人養護機構	健康狀況不良、行動不便、生活無法自理的老人。	協助照料洗澡、穿衣、餵食、排便及簡易護理服務如復健、口服藥物督導等無須醫護技術的服務。
長期照護機構	因身體癱瘓或失智症等造成日常生活困難且必須二十四小時處於照顧狀態的失能老人。	如氣切抽痰、皮下注射、插管灌食、導尿管護理等較高醫療護理照顧。

（資料來源：作者整理）

　　除上述外，尚有護理之家提供機構是照護，該機構是於《護理人員法》所規範的照護機構，護理之家是以專業的護理服務，提供住民一個安全之居住環境，使住民居住於該地方，能如同在家一般安適，強調人性化照顧的意義。服務對象為：包括罹患慢性病者、需長期照顧者、臥床或行動不便者、病情已穩定但暫時無法脫離呼吸器者，如俗稱之三管病人（鼻胃管、氣切、尿管），都屬護理之家服務的對象，護理之家必需具有執照且有醫護背景的專業人士才能夠開立。

二、政府作法

　　政府本著「在地老化」理念，以著重居家照護，維護家庭功能；整合照護體系，強化專業協助；增設多元化機構，提供持續性照護；確保長期照護品質，促進老人生活品質與尊嚴及建立自助人助觀念，兼顧個人與社會責任推動臺灣老人長期照護政策；政府的作法包括：

（一）建置並強化長期照護管理中心功能

　　為有效整合社區長期照護資源，提供高齡者更多元化與在地化的長期照護服務體系，各地方政府辦理「長期照護管理中心」，提供的功能與服務為：提供失能長者長期照護相關資源連結與轉介服務，包含喘息服務、居家服務、居家護理、送餐服務、電話問安、關懷訪視及相關社會福利措施，培訓長期照護志工與人力資源開發，並辦理相關訓練與教育

活動，監督照護機構服務品質，製作轄區長期照護資源手冊，推估長期照護服務的需求與供給資料。

（二）結合醫院出院準備服務，建構持續性的長期照護服務網

　　為建構更完整的長期照護體系，政府推動地區教學以上醫院辦理出院準備服務，建立急性醫療與後續長期照護的橋樑，並就實際轉介個案人次與轉介後的服務滿意度進行計畫評估。出院準備服務可使病人得到適當的連續性照護，提升醫院服務品質，增加民眾滿意度，並加強慢性病人及家屬自我照顧能力，讓病人與家屬自住院之初即獲得一系列服務，且於充分準備狀況下離開醫院。因此，該服務是一個使病患及家屬、政府或保險機構及醫療機構間接有助益的措施；使醫療服務得以品質、成本與可近性三者兼顧。其目標：確保病患出院後依個別需要得到適當之後續照護。提升醫院照護品質，增進病人及家屬對持續性照護之滿意度。與其他長期照護機構建立轉介制度。減少住院日及降低醫療費用。使急性病床得到充分利用，避免不必要的住院。

（三）強化及評估醫療復健輔具中心功能

　　政府推動的「身心障礙者醫療復健輔具中心」，主要以低階輔具研發，及提供個案評估、個別化設計等第一線專業服務為主，並協助提供鄰近醫院所需的復健輔具資源與諮

詢。為增加服務普及性，將逐年擴增服務點，並與長照管理中心連結，整合區域內復健輔具資源，提供身心障礙者醫療復健輔器服務，並將委託相關單位評估其效益，作為日後強化功能的依據。

（四）推動家庭醫師參與社區照護及長期照護社區復健

為強化居家式及社區化長期照護服務，滿足失能民眾之各類需求，建置災後復健醫療與長期照護模式，參與社區服務網路之復健服務系統，擴大出院準備的評估連結，建立基層醫療參與社區照護及居家復建轉介模式，提供家庭醫師、復健人員定時到宅提供服務，建立周全性、協調性與持續性之社區醫療照護服務網絡，以全面提升社區醫療照護品質。

（五）強化偏遠地區居家護理服務

目前居家照護方式有醫院、衛生所附設及獨立型態三種。惟目前居家護理機構設置地點大部分集中於都會區，偏遠地區仍相當缺乏，為加強提供對失能者所需居家護理服務，政府自二○○○年度起委由各縣市衛生局輔導轄區衛生所設立居家護理所，積極推展偏遠地區衛生所辦理居家護理之業務，使無自顧能力失能者能於家中及社區中得到適當的醫療照顧，以維護家庭功能。

（六）推展長期照護暫托（喘息）服務

失能者由於日常生活功能不足，有賴他人長期協助，故其家庭照顧者除需照顧技能訓練外，更因終年無休等因素而衍生慢性疲憊，亟需外界之支持與援助，為緩解家庭照顧者的身心壓力與負擔，並使失能民眾能在家獲得家屬更好的照顧，政府自二〇〇〇年度起，由各縣市衛生局全面推動暫托（喘息）服務，讓家庭照顧者每年有七天時間，能將失能個案暫時送機構照護，家屬因而能獲得短期之休息；此外並成立照顧者支持團體，如聯誼會或分享團體等，使提供者能有經驗分享及認識新朋友的機會；而為提升照護者之照護能力，各縣市辦理照顧者訓練班。

（七）強化照顧服務人力培訓與認證制度

長期照護服務是勞力密集工作，所需投入之人力包括醫師、護理師、職能治療師、物理治療師、營養師及社工師等專業人力及屬半專業人力之照顧服務員。為因應長期照護醫療專業照護人力及能力提升之需求，衛生署針對各類照顧服務人力訂定培訓計畫，包括初階訓練、在職訓練與進階訓練，並協同勞委會辦理照顧服務員技術士技能檢定，以提升照顧服務員專業形象，另結合社區院校，開設照顧服務相關課程，增加各類專業照顧服務人力及經營者進修管道。

（八）建立護理機構評鑑指標暨制度

為提升護理之家及居家護理機構之照護品質，研擬建置分級之「護理之家」及「居家護理機構」評鑑指標，俾依循辦理全國評鑑，進而提供民眾選擇暨業務規劃參考，並做為機構管理與服務改進的方向，政府研訂護理之家及居家護理機構照護品質指標，包括安全與環境設置、餐飲與營養、健康照護、生活照顧及機構與人員管理等項目；在居家護理機構部分則包括：病人/個案之權利與責任、病人／個案之照護、安全管理、感染控制、居家照護病歷、品質的評估及改進、管理與經營及居家健康服務等八項，未來將審慎統合分析評鑑標準及建立評鑑制度，以落實品質提升。

（九）加強失智症患者之照護

推估，至二〇五一年全台將有四十五萬失智患者，面對如此龐大的照護需求，建置完整的失智症照護體系已是刻不容緩之事。因應失智人口急速增加，為提升照顧品質，並開發更多元與切合需求之服務模式，政府於二〇〇七年分別函頒「老人福利機構失智症老人照顧專區試辦計畫」，及「失智症老人團體家屋試辦計畫」，結合民間單位或老人福利機構規劃辦理，並結合民間單位辦理相關專業訓練課程、實務觀摩、座談及研討會等，提升工作人員專業知能。由於失智症家屬缺乏照護知識，社會資源也相當受限，造成家屬身心

極大壓力、照顧困擾及生活品質低落。為提升失智者照護品質，有效促進失智症家屬身心健康、減輕身心壓力之服務方案，除推動各類人力在職訓練外，並積極推動相關科技研究計畫，如失智患者、家屬健康促進研究、中重度居家、機構照護品質、失智者社區服務模式及轉介網絡研究及失智症教育訓練、照顧管理方案研究等，以建構多元失智症照護之模式，並加強宣導。

（十）開發長期照護資訊網

為有效協助推動長期照護相關業務，政府於二〇〇三年開始規劃「長期照護資訊網」，期望政府各部門以及民間各機構，在發展長期照護相關資訊系統時，能有依循的協同運作機制，並開始辦理「建置及維護長期照護資訊網計畫」，以提供長期照護個案管理、資源連網，達到全人照護服務之目標。建置長期照護體系是我們社會對快速老化的必要對應，在長期照護政策基礎下，著力於社會需求，應對人民需求，在政府與民眾努力下一起完成長期照護服務目標。

肆、長期照顧的實施

至二〇一八年，我國六十五歲以上老年人口已達三百三十萬人，自境外引進的外籍看護即逾二十六萬人。雖然絕大多數老人希望與自己的家人同住，但仍有部分老人必須依賴

老人福利機構的照顧。因此，如何增進機構照顧服務功能，提升專業品質，讓民眾安心將自己的長輩送到機構托顧，使受照顧的長者受到有尊嚴的對待等均為重要課題。隨著高齡化社會之快速變遷趨勢，機構式照顧更形重要，此一服務模式整合家庭、民間機構、團體及政府的力量，為老人提供完善的安養、養護及長期照護等福利服務措施，以補充家庭照顧功能之不足，增進老人福祉。

一、老人福利機構設立標準

目前規範老人福利機構建築物面積、人員配置及相關之設施設備之法規分屬老人福利機構設立標準及老人長期照護機構設立標準及許可辦法。老人福利機構設立標準其重點如次：

1. 總則部分係將各類機構共同標準條列，其中有關老人福利機構建築物之設計、構造與設備；消防安全設備、防火管理、防焰物品等消防安全事項；機構用地；用水供應及環境衛生應符合之規範。

2. 有關老人福利機構內部空間設計之規範，在寢室部分，為避免院民互相干擾及保有個人空間，加強維持院民隱私，每床床邊與鄰床或牆壁之距離至少八十公分、明確規範二人以上之寢室，每床應設置隔簾、寢室間之隔間高度應與天花板密接、住民應可從走廊直接進入寢室，而不須經過其他寢室。收容人數五十人

以上者，應設衛生及沐浴設備；衛浴設備應配置緊急呼叫系統，並應有為臥床或乘坐輪椅老人特殊設計並適合其使用之衛浴設備；廚房應配置食物加熱設備；浴廁、走道、公共電話等公共設施，應有對身心障礙者或行動不便老人之特殊設計；應有被褥、床單存放櫃與用品雜物、輪椅等之儲藏空間及設備。

3. 為落實在地老化、小型化、社區化精神，各級政府設立及辦理財團法人登記之老人福利機構收容人數上限為二百人以下；另鑑於老人與兒童皆屬緊急事件中，逃生行動能力最弱勢者，為縮短緊急狀況發生時救援之時間，保障進住機構老人之生命安全，參照福利機構設置標準有關安置及教養機構規定，限制老人福利機構設置樓層數。

4. 增訂老人長期照護、養護與安養機構應配置之各類專業人員、工作內容及任用方式，釐清各類專業人員業務範圍。

5. 為配合未來機構簡併計畫之一致性，增加機構入住老人活動空間，參照養護機構樓地板面積之規定，長期照護機構平均每位老人應有十六‧五平方公尺以上。

6. 隨著社會經濟環境改變，高齡者對福利品質的要求逐漸提高，每一寢室設八床實不符人性化，長期照護機構及養護機構每一寢室最多設六床。

7. 為提升機構社工及照顧服務專業品質，社會工作人員

人力配置比例。

8. 增列照顧服務員夜間人力配置比例，並規定夜間應置人力應有本國籍員工執勤。

9. 為鼓勵養護及安養老人自立、延緩退化，須有較寬敞活動空間，原增列養護機構院民日常活動場所平均每人應有四平方公尺以上，安養機構平均每人應有六平方公尺以上。

10.為落實「連續性照顧」及「在地老化」之精神，輔導業者多元化經營，並利地方政府之審核，明確定出綜合辦理之相關條件與限制。

11.為避免老人因身心功能退化而需在不同層級機構間往返遷徙，落實連續性全人照顧理念，增列機構轉型之設施及人員配置相關規定。

12.為因應現行地方自治權責，爰規定地方政府已訂定人員配置比例及使用面積之標準高於本標準者，得從其規定。

二、長期照顧服務法

　　鑑於我國人口快速老化且伴隨著疾病慢性化，使國人尤其老人健康問題複雜化，醫療照護及健康維護的照顧（care）時間長期化；又由於社會結構型態已由傳統大家庭轉為核心家庭，老年人口之照顧問題已帶給許多小家庭經濟與生活上的沉重負擔，因此老人的長期照顧的社會化需求亦隨之加速

表9-8：《長期照顧服務法》專業用詞

項目	特點
長期照顧	身心失能持續已達或預期達六個月以上者，依其個人或其照顧者之需要，所提供之生活支持、協助、社會參與、照顧及相關之醫護服務。
身心失能者	身體或心智功能部分或全部喪失，致其日常生活需他人協助者。
家庭照顧者	於家庭中對失能者提供規律性照顧之主要親屬或家人。
長照服務人員	經本法所定之訓練、認證，領有證明得提供長照服務之人員。
長照服務機構	以提供長照服務或長照需要之評估服務為目的，依本法規定設立之機構。
長期照顧管理中心	由中央主管機關指定以提供長照需要之評估及連結服務為目的之機關（構）。
長照服務體系	指長照人員、長照機構、財務及相關資源之發展、管理、轉介機制等構成之網絡。
個人看護者	以個人身分受僱，於失能者家庭從事看護工作者。

（資料來源：作者整理）

增長。再者，由於國人生活及飲食習慣的改變，使得慢性病患者逐年增加，慢性病罹患年齡逐年下降，亦加重長期照顧服務的需求。此外，考量服務提供普及性、可近性及可負擔性，並促成永續發展，特強調長期照顧服務的專業化、社區

化、互助化及產業化發展，並防範於未然及有效提升我國長期照顧服務體系之功能及健全發展，於二〇一五年通過《長期照顧服務法》。

　　該法是為健全長期照顧服務體系提供長期照顧服務，確保照顧及支持服務品質，發展普及、多元及可負擔之服務，保障接受服務者與照顧者之尊嚴及權益，特制定本法。長期照顧服務之提供不得因服務對象的性別、性傾向、性別認同、婚姻、年齡、身心障礙、疾病、階級、種族、宗教信仰、國籍與居住地域有差別待遇之歧視行為。

　　為促進長照相關資源之發展、提升服務品質與效率、充實與均衡服務及人力資源，應設置長照服務發展基金。基金之來源如下：a.政府預算撥充。b.菸品健康福利捐。c.捐贈收入。d.基金孳息收入。長照服務提供方式，則為：

表9-9：長照服務之項目

類別	居家式	社區式	機構住宿式	家庭照顧者
性質	到宅提供服務。	於社區設置一定場所及設施，提供日間照顧、家庭托顧、臨時住宿、團體家屋、小規模多機能及其他整合性等服務。	以受照顧者入住之方式，提供全時照顧或夜間住宿等之服務。	家庭照顧者支持服務：為家庭照顧者所提供之定點、到宅等支持服務。

類別	居家式	社區式	機構住宿式	家庭照顧者
服務項目	一、身體照顧服務。 二、日常生活照顧服務。 三、家事服務。 四、餐飲及營養服務。 五、輔具服務。 六、必要之住家設施調整改善服務。 七、心理支持服務。 八、緊急救援服務。 九、醫事照護服務。 十、預防引發其他失能或加重失能之服務。	一、身體照顧服務。 二、日常生活照顧服務。 三、臨時住宿服務。 四、餐飲及營養服務。 五、輔具服務。 六、心理支持服務。 七、醫事照護服務。 八、交通接送服務。 九、社會參與服務。 十、預防引發其他失能或加重失能之服務。	一、身體照顧服務。 二、日常生活照顧服務。 三、餐飲及營養服務。 四、住宿服務。 五、醫事照護服務。 六、輔具服務。 七、心理支持服務。 八、緊急送醫服務。 九、家屬教育服務。 十、社會參與服務。 十一、預防引發其他失能或加重失能之服務。	一、有關資訊之提供及轉介。 二、長照知識、技能訓練。 三、喘息服務。 四、情緒支持及團體服務之轉介。

（資料來源：作者整理）

　　為期長照體系、醫療體系及社會福利服務體系的連結，衛生福利部應訂定長照體系、醫療體系及社會福利服務體系間的機制，以提供服務使用者有效之轉介與整合性服務。並且達成照顧服務品質基準，包括：a.以服務使用者為中心，並提供適切服務。b.訊息公開透明。c.家庭照顧者代表參與。d.考量多元文化。e.確保照顧與生活品質。

伍、結語

　　高齡化、少子化已是當前社會人口變遷的趨勢，隨著社會環境之快速變遷，加上都市化發展，醫學的發達，慢性病患增多，家庭照顧老人的功能式微，讓我們要必須嚴肅正視老人議題。亦將引發新的需求與問題，老人、重度癱瘓、植物人、慢性精神病患的人數統計、服務需求，照顧方式、支出成本、財務機制、支付標準、品質管制等等，向為政府及民間關注的焦點，愈來愈多的銀髮族在面對子女忙於事業，無暇照顧自己的窘境下，養護機構將是銀髮族未來居住的選擇之一，因而也需有相對的規劃及因應對策與措施，乃至法規的修訂，俾使政策、立法、服務合一，有效落實老人福祉。

　　台灣地區人口老化速度太快，社會型態由農業轉成工商主體，家庭結構亦隨之改變，使得國內長期照護的需求非常殷切。如何讓老人維持尊嚴和自主的生活是一項挑戰，也是整個社會包括老人本身、家庭、民間部門和政府共同的責任。在老人照顧服務益顯其迫切性與重要性之際，政府機構、社會資源必須相互為用，以全方位、人性化的需求導向，以解決高齡社會對家庭、社會造成的重大衝激與危機，在健康維護、經濟安全、教育與休閒、安定生活、心理及社會適應等，提供適切的福利服務，給予長者完善、尊嚴的服務及全人、生活安全的服務與照顧。

附錄

● 「社會福利機構公費院民死亡喪葬及遺留財物處理要點」
請參閱衛生福利部社會及家庭署老人福利網站
http://sowf.moi.gov.tw/04/02/02.htm

● 「老人之家院民生活輔導實施要點」
請參閱衛生福利部社會及家庭署老人福利網站
http://sowf.moi.gov.tw/04/02/02.htm

● 「所屬社會福利機構保管院民財物注意事項」
請參閱衛生福利部社會及家庭署老人福利網站
http://sowf.moi.gov.tw/04/02/02.htm

● 「老人福利機構辦理收容業務實施要點」
請參閱衛生福利部社會及家庭署老人福利網站
http://sowf.moi.gov.tw/04/02/02.htm

● 「老人之家辦理自費安養業務實施要點」
請參閱衛生福利部社會及家庭署老人福利網站
http://sowf.moi.gov.tw/04/02/02.htm

● 「老人福利機構投保公共意外責任保險範圍及保險金額規定」
請參閱衛生福利部社會及家庭署老人福利網站
http://sowf.moi.gov.tw/04/02/02.htm

附錄

● 「申請興闢社會福利設施免受山坡地開發建築
面積不得少於十公頃限制案審查原則」
請參閱衛生福利部社會及家庭署老人福利網站
http://sowf.moi.gov.tw/04/02/02.htm

● 「長期照顧服務法」
請參閱衛生福利部社會及家庭署老人福利網站
http://www.sfaa.gov.tw/SFAA/Pages/List.
aspx?nodeid=351&idx=1

第五篇

福利服務

第十章
老人福利機構

壹、前言

人口老化已成為臺灣當前社會現象之一，已邁過聯合國世界衛生組織（WHO）所定義的「高齡社會」門檻。加上近年來社會觀念及家庭結構的改變，老人與子女同住的比率正逐年下降，還有由於老人經濟依賴自我（如：退職金、保險金、銀行存款等）能力的增加，社會福利的擴張，以及年邁長期照護上的需要，老人獨居或選擇住進安養、養護機構，因而老人安養護設施的需求也愈來愈為殷切，政府除了提供各類老人自費安養設施、老人公寓外，民間人士也紛紛投入申請設立老人養護機構、護理之家，或興建銀髮住宅等，尤其在一九九七年六月對《老人福利法》修訂頒行經過二年的緩衝期之後，更如雨後春筍般紛紛設立。

為因應急速高齡社會的到來，我國必須及早提出適當的老人福利政策，例如以福利服務，保健醫療、年金保障，使老人安適老化。而提供家事支援、居家照護、緊急通報、飲

食服務，同時也應提供高齡者安養機構，有醫療照顧的療養機構、長期療養及失智老人收容設施等等服務。營造高齡者社會參與的環境，如老人大學、老人文康中心，老人社會活動中心、老人志工服務以及提供老人職業訓練與就業，促進高齡者在地老化。更重要的是我們如何因應社會變遷家庭結構、經濟條件變動建立一公平、合理而有效率的社會安全制度，以充分發揮社會安全制度的功能。

貳、老人福利機構的類型

　　社會變遷導致高齡社會，關心、照顧老人成為社會大眾矚目的公共議題，老人福利成為世界各國關注的重要焦點，而促使社會工作的發展，也是目前推展社會福利的主流。在二○○一年政府推出「福利產業發展方案」之後，把老人住宅興建列入促進民間參與公共建設法之重大公共建設範圍之內，鼓勵企業界投入老人福利服務事業，可見老人福利及照顧問題不僅成為政府當前社會福利政策的施政重點，也為非營利組織所重視。參酌日本在推動公共介護保險的同時，亦同步透過「黃金計畫」持續進行人力的培訓與照顧服務品質的提升，從預防的層面推動高齡者的社會參與，建構對高齡者友善的居住環境，並鼓勵社會大眾共同關注高齡社會的相關議題。因此，社會呈現著多元並陳的老人福利服務機制下，如何整合及發展出優質妥適的老人照顧服務系統，以因

應高齡者需求，是機構服務提供者所思考的課題，而老年人口多層級照顧的建構當是重要的一環。

依《老人福利法》規定，老人福利機構可分為長期照護機構、養護機構、安養機構、文康機構與服務機構，各有不同服務對象。同時，相關規定如下：

1. 老人福利機構之規模、面積、設施、人員配置及業務範圍等事項之標準，由中央主管機關會同中央目的事業主管機關定之。各類機構所需之醫療或護理服務，應依醫療法、護理人員法或其他醫事專門職業法等規定辦理。各類機構得單獨或綜合辦理，並得就其所提供之設施或服務收取費用，以協助其自給自足；其收費規定，應報由當地直轄市、縣（市）主管機關核定。

2. 私立老人福利機構之名稱，應依其業務性質，並應冠以私立二字。公設民營機構名稱應於名稱前冠以所屬行政區域名稱。

3. 私人或團體設立老人福利機構，應向直轄市、縣（市）主管機關申請設立許可。經許可設立私立老人福利機構者，應於三個月內辦理財團法人登記。但小型設立且不對外募捐、不接受補助及不享受租稅減免者，得免辦財團法人登記。

4. 未於規定期間辦理財團法人登記，而有正當理由者，得申請當地主管機關核准延長一次，期間不得超過三

個月；屆期不辦理者，原許可失其效力。申請設立之許可要件、申請程序、審核期限、撤銷與廢止許可、自行停業與歇業、擴充與遷移、督導管理及其他相關事項之辦法，由中央主管機關定之。小型設立之規模、面積、設施、人員配置等設立標準，由中央主管機關會同中央目的事業主管機關定之。

5. 老人福利機構不得兼營營利行為或利用其事業為任何不當之宣傳。主管機關對老人福利機構應予輔導、監督、檢查、評鑑及獎勵。老人福利機構對前項檢查不得規避、妨礙或拒絕，並應提供必要之協助。第二項評鑑對象、項目、方式及獎勵方式等事項之辦法，由主管機關定之。

6. 老人福利機構應與入住者或其家屬訂定書面契約，明定其權利義務關係。書面契約之格式、內容，中央主管機關應訂定定型化契約範本及其應記載及不得記載事項。老人福利機構應將中央主管機關訂定之定型化契約書範本公開並印製於收據憑證交付入住者，除另有約定外，視為已依規定與入住者訂約。

7. 老人福利機構應投保公共意外責任保險及具有履行營運之擔保能力，以保障老人權益。應投保之保險範圍及金額，由中央主管機關會商中央目的事業主管機關定之。履行營運之擔保能力，其認定標準由所在地直轄市、縣（市）主管機關定之。

8. 政府及老人福利機構接受私人或團體之捐贈，應妥善管理及運用；其屬現金者，應設專戶儲存，專作增進老人福利之用。但捐贈者有指定用途者，應專款專用。所受之捐贈，應辦理公開徵信。

老人照護服務所面臨到最大的資源不足問題，便是在於人力、經費及組織等三方面。人力資源的問題，主要來自於日間照護服務是屬於勞力密集且專業密集的一種服務模式，故對於經營管理者而言，也同時必須承擔較高的經營成本壓力，因此願意投入經營的團體或組織也相形減少。政府在政策上，必須要有對等且適切的人力開發計畫，同時在經費的補助及財務的規劃也要兼顧供需雙方的期望。至於政府在日間照護服務的提供上，究應以直接參與（公辦公營）或是幕後輔導（公辦民營或全面民營）方式進行，也需有審慎的評估與考量。

參、老人福利機構的建置

個體老化也就是人的衰退，它包括生理的、心理的和社會的三個方面。老化與疾病兩者不相等。老化是每個人都要經歷的，是一個有意義而積極的過程。老化是一種思想和態度，一個充滿希望和魅力的過程。老年人會受到環境的影響，同時也能影響周圍的環境。老齡化的觀點指出適應是在老年人和環境之間一種綜合交互作用的過程。

在歐美長期照護發展先進國家，機構式照顧是發展最早的照護措施，從早期國家以機構集中照護的方式，提供少數缺乏家庭支持的貧病交加民眾最基本的生存照顧，至一九五〇年代之後因應老年人口大量成長，長期照護需要的快速增漲，機構式的服務對象從過去濟貧的方式，修正為多數民眾的普及需求，擴大了服務的對象與提昇機構的服務品質。臺灣早期在各地設置的救濟院、仁愛之家、榮民之家等，收養對象以孤苦無依無法謀生者或榮民為主。後來為因應社會福利發展的趨勢，老人安養機構措施也從以往救濟院的慈善施捨轉為以服務為導向的照顧模式，而服務對象也擴展到一般民眾自負費用者，尤其在老年及養護人口快速增加更是蓬勃發展。

依《老人福利法》規定中央主管機關應訂定申請設立之許可要件、申請程序、審核期限、撤銷與廢止許可、自行停業與歇業、擴充與遷移、督導管理及其他相關事項之辦法。須修訂《老人福利機構設立許可辦法》現行條文，並納入《老人福利法施行細則》及《老人長期照護機構設立標準及許可辦法》部分規定，訂定《私立老人福利機構設立許可及管理辦法》，其中主要的規定為：

1. 私立老人福利機構之設立地點跨越不同直轄市、縣（市）時，由受理申請之直轄市、縣（市）政府為主管機關。
2. 界定申請設立或籌設私立老人福利機構之申請人之應

　　符合資格。

3. 規定申請設立許可、籌設許可案件之應備文件。

4. 用地符合土地使用分區管制規定之同一地號土地，其使用強度符合相關規定者，直轄市、縣（市）主管機關無正當理由，不得駁回私立老人福利機構設立許可申請。

5. 明定直轄市、縣（市）主管機關審核設立許可、籌設許可申請案件之期限規定。

6. 明定直轄市、縣（市）主管機關得駁回設立許可、籌設許可申請案件之事由。

7. 規定未經直轄市、縣（市）主管機關許可設立前，不得以機構籌備處（會）名義對外洽辦各項事務。

8. 明定設立許可證書應載明之事項、應於明顯處所、申請補發或換發等規定。

9. 經直轄市、縣（市）主管機關許可設立之機構，其營運方式應為自行營運並得結合相關資源提供服務，不得委託他人營運。

10. 明定機構申請縮減、擴充業務規模、遷移、變更之相關規定。

11. 明定申請停業、復業規定。規定歇業、解散應報請主管機關核准。

12. 設立許可證書禁止轉讓、贈與、繼承、質押、買賣、出借或合併。明定撤銷、廢止規定，財團法人經撤

銷、廢止處分者，主管機關應通知法院。

13.明定機構年度應報主管機關備查書類及期限。

14.明定私法人附設之老人福利機構，其財務、會計及人事，均應獨立；機構對外行文應以負責人名義為之；董事、監察人、理事或監事，均不得兼任機構之專業人員或行政人員。

15.機構年度決算金額在新臺幣三千萬元以上者，應建立會計簽證機制；明定機構採行之會計制度。

16.主管機關為瞭解私立老人福利機構之狀況，得隨時通知其提出業務及財務報告，有缺失者，主管機關應糾正並通知限期改善。

17.主管機關以外之機關、公立機構或學校申請附設老人福利機構者，準用本辦法規定辦理。

　　從人類的醫療史中，疾病型態已發生了明顯的轉變。在這個疾病轉型的過程中，急性傳染性疾病，已被慢性疾病所取代了，其病程與所需的療護過程，是緩慢而長期的，長期照護服務也就在此種情況下於焉產生。老人福利機構多結合長期照護的服務，其方式可區分為居家、社區與機構等三種型態。

表10－1：長期照護機構設置類型

類型		特點
居家式	家庭照護	由家人或親友自行照顧家庭照護將老人留置於家中，生活型態與週遭環境的變動最小，情感、實物等相關的支持網路得以延續，是目前台灣最普遍的照護型態。
	在宅服務	對低收入戶提供日常生活的照顧服務，包括：洗澡、移動、家事服務、心理輔導等，協助因身心受損致日常生活功能需他人協助的中低收入居家老人得到持續性的照顧，紓緩家庭照顧者的壓力，並提供受照顧者家屬習得專業服務技巧。
	居家照護	將功能性障礙民眾所需服務輸送到家，使功能性障礙者仍可居住於原來熟悉的生活環境。目前居家照護的照護項目係以特定專業性醫療與護理服務為主，全民健保雖有給付，但給付範圍相當有限，申請者必須是失能程度高者。
社區式	日間照顧	對於低收入戶老人日間的照顧服務，對日間因就業而無力照顧老人之子女提供日間照顧服務，使老人日間生活及品質得以保障。並且經由老人安養、養護機構辦理外展服務計劃，以利充分發揮機構的設施與資源，增進社區居民對機構的認識與支持。 接受照顧者仍居留於家中，只有部分時間前去接受治療與照顧。優點在於老人不必離開原來居住的家庭或社區，如果能夠妥善結合醫療服務與社會服務，老人比較不用在太多的社會資源中奔波。相對於家庭式照護，社區照護則提供沒有能力或人力照顧老人的家庭另一個選擇。

類型		特點
機構式	寄宿之家	寄宿服務（residential care），指的就是住宿與照顧，在提供安全的生活環境及供應合宜均衡的飲食，此外，其他生活上之相關事宜，並不屬於醫療機構，所提供的是個人生活所需的服務，若有簡單的醫療服務需求時，亦可藉由居家照護服務所得到。
	護理之家	主要照護對象是失能的老人，服務項目包含醫療服務、護理服務、復健服務、藥事服務，多數也同時涵蓋營養服務及社會服務。該機構設立，在法源上係依照《護理人員法施行細則》所規定之「護理機構設置標準」。
	長期照護	長期照護機構係以照顧罹患長期慢性及並且需要醫護服務之老人為目的。
	慢性病醫院	側重在病情尚未完全穩定，仍需調整其處方以穩定病情者，急症醫院為因應暫時無法出院之病人，配置有慢性病床，作為失能和慢性病人照顧之用。比如使用呼吸器的患者等。
	多功能服務機構	將寄宿服務，護理之家，慢性病醫院集中在同一處所中。當個案生活功能轉變之時，可以不需要離開他所居住的環境或轉至其他機構，即可以在其較為熟悉的環境中獲得不同程度的照顧。

（資料來源：作者整理）

　　在「老人福利機構」的設置，係考量以維持病患的需求、身體功能為目標，提供一般性生活照顧及護理服務。在環境熟悉、享領親情及經濟因素，一般而言家庭照護比社區

照護或機構式照護成為多數老人認為最理想的養老方式，也但是家庭照護主要困難在於照顧人力不足，照護品質缺乏專業性，而照護者照顧無自顧能力老人，其身心長期負荷照護壓力，對於家庭關係容易產生負面影響。再者，家庭照護不能給予老年人技術性的照護亦是主要的缺點。同時，當個案之失能情形達到某一程度，甚至將其所需的外展服務送到家，也無法幫助他在家中或社區中獨立自主生活時，便需要機構式的服務（institutional care）。

　　機構式服務提供入住者全天二十四小時的照顧，其提供服務的範圍包括醫療、個人、社會生活與住宿照顧。機構式照護所提供的是全面性的服務，包括醫療、護理與社會性服務等，一般而言較能提供專業性的服務內容，老年人的需求可以得到立即性的滿足。然由於是團體式生活，難免產生機構化的缺點，在飲食、活動、作息安排等，較難滿足老年人個別需求得差異性。

肆、老人福利機構的服務

　　成功老化以三個基本因素為基礎：很少患疾病與疾病相關的傷殘、心理健康、積極參與生活。成功的老化包括避免衰退、創造性地適應周圍發生的任何變化，如感覺和活動能力的變化，從而將可能有的消極影響降到最低。在「在地老化」（aging in place）理念影響下，社區式照顧、居家式照顧

及其他各種老人新型照顧服務模式被積極鼓勵發展，同樣的，機構照顧模式與內容也跟著變革，如機構功能多元化，照顧模式多層級化（multi-level）等。

　　工業化及都市化的進展，使核心家庭成為普遍的形式，八〇年代開始，繼親家庭、單親家庭、候鳥家庭等更多元的家庭結構也逐漸出現在社會中，使得家庭型態更為多變，家庭功能也跟著轉變。近年來獨居老年人口增加，及無人照顧在家過世多日等長期照顧議題被提出，彰顯出高齡人口照顧所面臨的種種情況，相對影響家庭在照顧高齡人口的支持系統受到衝擊及挑戰。進入高齡社會的臺灣，越來越多家庭面臨養老問題。絕大多數老人都希望與家人同住，不過，當老人無法居家養老，就必須求助專業的老人機構，讓他們同樣能夠老有所養。

　　參酌世界主要國家於老人福利機構設置對於老人日間照顧服務模式及內容的政策與管理方式，有極大的差異性，以美國而言，全國日間照顧的標準，並非強制性的，且取消醫療型與非醫療型日間照顧中心之間的區隔，並鼓勵不同類型方案的日照中心產生。而加拿大則是與民間業者代表共同制訂一服務標準手冊，唯該手冊並非法令，卻是供業者提供服務的指南。反觀我國，則是將日間照顧服務設置的相關事宜，明訂於法條之中，並訂有相對罰則，對業者有管制作用，並積極鼓勵並輔導業者取得合法經營地位。

一、美國

　　美國作為一個以移民為主軸的國家,為追求新生活,許多自境外移居追求人生開創理想,深受自由主義、實用主義的影響,早期將照顧老人的責任歸於子女、教會。對於老人福利機構隨著社會變遷出現如下的軌跡:

表10-2:美國老人福利機構的變遷簡表

時間	內涵
十九世紀初期	民眾認為政府應照顧生活無法自理的老人,於是開始開設公立的救濟院。
一九三〇年	救濟金取代傳統機構收容濟貧的方式,此時救濟院沒落,興起小規模的老人院。其後陸續由醫護人員加入經營,產生大型護理之家。
一九七四年	政府開始規定技術性護理機構、中度照護機構的安全措施、立法著重於品質提升。
一九八四年	開始一股社區化的風潮,但是此舉未能降低原有的醫療浪費問題,在政府支出未減之情形下,又回頭檢視機構內問題。
一九八七年	合併一般性照護機機構與中度照護機構,目標著重在保障病人權益與其生活品質。

(資料來源:作者整理)

　　近來美國重視成本效性,採總額預算,給予地方選擇機構與社區式照護的彈性經濟組合,以杜絕過度使用與浪費,

並嚴格審核入住護理之家等機構的標準。

二、英國

英國早期將長期照護歸屬於宗教團體，其後隨著社會福利觀念的變動，亦呈現結構性變化：

表10－3：英國老人福利機構的變遷簡表

時間	內涵
一六〇一年	《伊莉莎白濟貧法》即明定各地教區負責貧病老人的照顧，但濟貧法的實施，實是一烙印效果，接受服務者必須喪失尊嚴，為人詬病。
一九四八年	隨著貝佛里奇報告書的落實，政府積極擴大社會福利對社會大眾的服務，《國民救助法》規定由地方政府提供老人之家的服務。
一九八〇年	因社會福利的緊縮，老人福利機構朝向社區化方向發展。

（資料來源：作者整理）

三、日本

日本早期以佛教、儒家等教道、敬老觀念為其照顧理念，認為老人照顧乃是家庭的責任，但隨著人口結構變化，日本成為世界人口高齡趨勢明顯的先進國家，老人福利機構的型態出現不同階段的重點：

表10－4：日本老人福利機構的變遷簡表

時間	內涵	
一九三二年	《公共救濟法》規定照顧六十五歲以上生病、無親人照顧的老人，並對功能障礙者提供日常生活上的協助，但此類救濟模式及服務品質有限。	
一九六三年	《老人福利法》立法規定各種老人福利服務，包含機構式、社區式服務、免費健檢、健康促進、教育、娛樂等服務。	
一九七〇年	機構式照護資源快速成長，在此時，居家式的照護並不受重視。	
一九九〇年	修訂《老人福利法》，責任下放地方政府，老人使用護理之家與老人院等審核權移交給地方政府。	
二〇一〇年	護理之家	其收費標準反映民眾的支付能力而調整，但仍存在床位短缺情形。
	健康照護機構	為醫院到社區的中途站及復健護理機構。
	老人之家	有公費、自費、部分自費三類，公費屬公共救濟等性質；自費之收費昂貴、由私人企業經營。

（資料來源：作者整理）

　　在以前傳統的社會，祖父母、父母、小孩三代同堂是主要的家庭居住型態，家中的老人可以幫忙照料年幼的孫子，孫子也可以陪伴和照護老人的生活起居，老人的生活照護問題在家庭系統中就可獲得支持。但是隨著時代的變遷，老人

的居住型態也趨於多元，獨居、與配偶或親友共居、安養照護機構都成為一種居住型態的選擇。老人照護型式可分為非正式體系與正式體系，非正式體系指配偶、子女、兄弟姊妹、朋友、鄰居，正式體系有居家照顧服務（包含居家護理、居家照顧、家務服務、訪視、電訪、餐飲服務、居家環境改善）、日間照顧服務（如日間醫院、日托中心、臨托照顧）、長期照護機構（針對長期慢性病且需醫護服務的老人）、養護機構（針對生活自理能力缺損但不需技術性護理服務需求的老人）及安養機構（針對自費老人或無扶養義務親屬的老人）。以滿足長者及社會需求，然而，老人的照顧是一個高度複雜又牽涉到各種學科及部門的工作，目前各安養護機構面臨的問題：

表10－5：安養護機構面臨的問題

項目	內涵
照顧專業化不足	照顧服務員培養不易，同時面臨人員流失，為求補充人力及降低人事成本僱用外勞，除溝通障礙，照顧品質也極不穩定。
專業人力的欠缺	長照服務員的工作負擔異常沈重，除了照顧失能人士的生活起居時需要大量的體能外，心理上也持續背負著壓力，護理及社工處於嚴重不足，品質提升困難。
宣傳行銷的缺乏	一般民眾及老人多不知道何為日間照顧，有需要的人有時因辛苦照顧工作忙碌不已，無暇去了解有何資源可運用。

項目	內涵
服務品質的薄弱	業者學習的機會減少，創新服務品質難以提升。品質問題一直讓有需求的民眾對長照機構望之卻步，而透過外部獨立的評鑑機制應能有效挽回社會信心。
交通接送的困難	部分機構在「成本考量」下未提供交通服務，除了一般交通車外，部分受托長輩因失能需使用輪椅，必須使用殘障交通車。在家屬在無法自行接送情況下，行動不便的長輩無法順利使用此項服務。對於服務照顧方面，提供交通服務的工作人員對於失能老人必須有一基本的概念，才能做到質的服務，並能與家屬密切合作。
經費資源的侷限	家庭照顧者的身心壓力大，年輕一輩可能需要同時兼顧本身工作與照顧家中老人，時間、財政管理問題或逐步浮現，容易造成情緒困擾，問題刻不容緩。政府預算緊縮，補助款減少，而經濟不景氣，機構面臨經營危機。
家屬共識的困擾	有多名子女的家屬常有協調上的困難，認為是推卸照顧責任無法達到共識。有時家屬堅持使用此項服務但仍面臨手足間的壓力，因為家屬對於老人的疾病程度在彼此的認知上差距大。

（資料來源：作者整理）

　　老人照護機構隨著受託者老化及病情惡化面臨照顧上的困難，老人退化是漸進的，例如日常生活能力的減退，大小便失禁等，機構如何界定一適當的收托標準底限，否則易造成照顧者及受託老人的壓力，例如失智老人。同時也會面臨家屬的壓力，家屬不希望轉至其他機構，資源的聯繫及週邊

的後送系統要建立起來，才能真正滿足老人在不同階段的需求。由於民間機構必須面對市場競爭、爭取資源、提高服務品質、增進組織效能及強調組織績效。負擔老人長期照顧服務的養護中心、護理之家小型私人機構，多年因照護人力嚴重不足，加上經濟衰退、家屬欠費等經營大不易。

　　為解決這些新的挑戰、許多企業管理的方法就被引用。通常企業以獲取最高利益為目的，而老人福利機構以服務長者為主要工作，兩者目標不同，但都需要滿足社會各界對服務品質的要求，有效的達成組織生存與發展目標，在各領域專業人員的努力下，未來的社會更加親善老人。同時，參酌近年來各先進國家的長期照護改革政策趨勢中，仍不難看出長期照護服務的發展模式正漸漸朝向「去機構化」的方向再發展，也就是以社區照護的模式來取代純粹的機構安置模式，以結合家庭、鄰里，強化整體社會網絡，提供老人整合性及延續性的人性化照護為宗旨。安老機構關鍵成功因素為：

表10-6：安養護機構成功因素

項目	原則	內涵
周延經營理念	包括人文素養、創新價值、滿足需求。	養護機構儘量社區化，一方面除親人可就近探望，安定家人和老人雙方的心之外，更可增進社區的互動和形成情感凝聚力強的和樂社區。另一方面也能以社區的力量進而督促現行養護機構弊病改善。

項目	原則	內涵
專業工作團隊	包括培養人才、員工訓練、良好福利、合理待遇。	採取一年一評或不定期評鑑,這樣才能提昇和落實機構照顧的品質,避免機構為通過評鑑,在照顧人力上或其他方面灌水。
寬裕社會資源	包括土地、人力、資金的充裕。	對於經濟、生活、行動皆能自立的老人,若能加入志工工作行列,除了可有助人成就感之外,也能增加人際接觸,從互動中進行多方面的學習,滿足心理支持需求,實踐活到老學到老的生活。
完善專業服務	包括醫療、照護、復健、心理、膳食等。	老人照護需求是一個廣泛且多層次的議題,需結合護理師、社工師、心理師、醫師…等專業人員納入老人生活照護及心理調適照顧的行動。
傑出的負責人	成功經驗、獻身工作等。	規劃主動發掘需關懷老人的機制,予以協助,在設計服務項目時特別注意個人需求故滿足的考量。例如:陪伴就醫、就醫交通協助、申請補助等。
符合老人需要	社區化、可近性、親切性。	增強社區組織功能,建置老人服務組,編列名冊,隨時更新有哪些老人生活上需協助卻無親友鄰居支援時,可向社區要求協助。

（資料來源：作者整理）

在一九六〇年代，北歐福利國家率先提出「在地老化」（aging in place）的老人照護理念，認為長期照護的提供應盡可能的幫助功能障礙者留住其熟悉的家中或社區中，過獨立自主的生活。使機構照顧轉而趨向社區化與小型化，例如丹麥在一九八七年便將已有的護理之家改建為照顧住宅（assisted living），鼓勵增加居家式服務的供應，並成為許多福利先進國家老人照顧政策目標。為使資源發揮最大效益，讓有需求的長者得到悉心的身心照護，在地老化無疑是立法不可或缺的原則。不論該長者之年齡、收入或能力，讓其能在自己熟悉的家居或社區安全、獨立和舒適地居住，從而顧及人的尊嚴與照料，達致自我滿足。首要條件就是「充分性」（adequate）、「可負擔」（affordable）與「可近性」（accessible）的長照服務。

我國所訂定的《長期照顧服務法》宗旨乃「健全長期照顧服務體系提供長期照顧服務，確保照顧及支持服務品質，發展普及、多元及可負擔之服務，保障接受服務者與照顧者之尊嚴及權益。」爰此，在連續性全人照顧理念下，多層級照顧模式較能滿足住民導向的服務需求，老人亦可避免因身體變化而不斷在不同機構間往返遷徙，儘可能在同一機構中能獲得不同層級的服務，顯然是老人福利機構宜思考的方向。

伍、結語

　　目前老年人口的照護，在面對家庭型態及功能的轉變，婦女意識及就業觀念的提升，要如農業社會一樣，單由家庭來承擔這樣的照護責任，是無法達成的目標。然而如何幫助家庭支持系統能夠增強能力，面對家庭內老年照顧人口的需求，端視整個社會體系所提供的支持及協助。老年照護的議題相當地龐大，所牽涉的層面也相當多，不可否認在整體老年照護的連續體系中，每階段的老年照顧需求都是不可被忽視的，如機構照護的存在。

　　在「在地老化」（aging in place）理念影響下，做為老人照顧服務提供者，就是期待能夠做到「就近老化」（aging in neighborhood）的目標，讓長者在多元服務機構體系下各相關機構之間接受轉銜服務而老化。運用的是發展老人多層級照顧服務網，提供不同層級的照顧措施，從老人住宅、老人安養、老人養護及長期照護、失智照顧等，儘可能去滿足不同的服務需求，為長者照護提供一多元化與連續性的系列服務，從而為國內建構老人多層級服務網絡。

附錄

● 「老人福利機構設立標準」
　　請參閱衛生福利部社會及家庭署老人福利網站
　　http://sowf.moi.gov.tw/04/02/02.htm

● 「私立老人福利機構設立許可及管理辦法」
　　請參閱衛生福利部社會及家庭署老人福利網站
　　http://sowf.moi.gov.tw/04/02/02.htm

● 「私立老人福利機構接管辦法」
　　請參閱衛生福利部社會及家庭署老人福利網站
　　http://sowf.moi.gov.tw/04/02/02.htm

第十一章
老人福利專業服務

壹、前言

　　隨著科學技術的進步、經濟水準的提高、人們生水準的上升和醫療衛生保健事業的發展，死亡率迅速下降，整個世界人口的平均預期壽命大大延長。由於生育率發生變化，世界人口老齡化的速度加快，老年人口數量日益增加，因而每個家庭需要贍養的老年人數量多，加重了贍養的負擔。此外，家庭結構也發生了改變。家庭規模日益縮小，子女的數量越來越小。所以，很多老年都不得不單獨居住和生活。聯合國及世界衛生組織早在二十世紀八〇年代就提出「活力老化」（active aging）新主張，意思是老了之後，要有活力地自然老化。另外，「在地安養」（aging in place）這個新的概念，已經成為世界最先進國家面對老化的新趨勢。在地化是指用在地的資源照顧老人，讓老人在自己熟悉的地方自然老化，不要因為老了就必須被迫搬離家園。

　　由出生至死亡的生命過程中，人們總期待能夠維持身心

機能的自主，延緩臥床的時程與時間，避免對於他人產生依
賴，這不只關係到個人的生活品質，還涉及到生命的尊嚴。
在地老化的概念最早起源於北歐國家，一九六○年代，當時
照顧老人都是以機構為主，例如護理之家或養護機構，但是
老人在機構中，生活拘束又缺乏隱私，不夠人性化，因此興
起回歸家庭與社區的想法。瑞典最早開始讓他們的老者回到
家庭與社區中，把照顧的資源提供到家庭或社區中，按老人
不同需求，提供不同服務。例如行動不便的獨居老人，就幫
他購物；糖尿病又不方便上醫院的老人，就由護理人員到家
裡幫他打針，因此大量減少機構的床位。在北歐國家實施
後，得到很熱烈的回響。目前許多人口老化國家，多朝這個
目標努力。

貳、照顧服務員訓練實施計畫

　　我國因面臨家庭功能的轉型與人口結構的改變，而使老
人居家安養問題，應予相當的支持，俾以維繫其功能，或藉
由必要的社區資源或福利社區化之措施，協助長者仍能在熟
悉的社區環境中頤養天年，若因健康問題、生活自理能力退
損、乏人照顧者則以機構安養服務；總之無論是居家服務、
社區照顧或機構養護均應尊重長者的自主選擇，應予有尊嚴
的服務及生活安全的保障。

　　高齡者的期待與需求將是刺激市場形成的動力，也是各

部門投入照顧服務產業最大的依據；針對長期照顧服務對象
與需求，將健康照顧體系區分為生活照顧、長期照護與醫療
服務三大類：

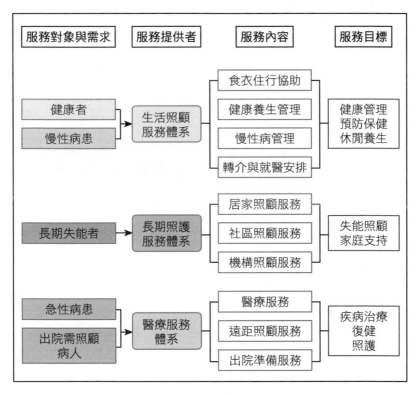

圖11－1　健康照顧服務體系圖

（資料來源：行政院衛生署，2009）

　　為了提供老人完善的服務與全人之照顧，政府之衛生、
福利、交通、營建及勞工等相關機關，皆有責任力促老人之

福祉。由長期照護先導計畫實驗中發現，所有長期照護服務模式中，以居家服務的使用為最大宗，此項服務可以說是社區式服務中最基礎的照顧模式。在目前政府推動的「照顧服務福利及產業發展方案」中，也希望藉由提供民眾居家服務，一方面滿足社區中老人與身心障礙者的照顧需求，一方面也提供居家服務員就業機會。在政府與民間共同努力之下，近年居家服務提供不管在服務數量或服務品質方面，都有明顯成長。（吳淑瓊等，2003）

　　隨著生命歷程的變化，每個人都必須面對身體機能隨著年齡增長所帶來的老化，例如，視覺、聽覺、觸覺與行動機能之弱化，再加上慢性疾病之困擾，人們在生命過程多或少需要他人的協助與照顧。在傳統社會裡，通常是由家屬來擔任，當社會變遷至雙薪家庭與少子化的型態時，家庭內的照顧力量因而分散或是弱化，需求卻沒有隨之減少。此時，照顧勞動必須由家庭外的資源來加以填補，照顧服務產業亦因應而起。由於老人的身心狀況並不相同，所需要的照顧服務內容便有所差異，主要模式歸納為：

表11－1：照顧服務的模式

項目	內涵
醫療模式（medical model）	醫療模式的照顧關注如何診斷與治療疾病，健康照顧就是疾病治療，此種類型的照顧主要存在於診所、醫院以及護理之家，照顧常伴隨使用與疾病相關的藥物、手術或復健，醫生主導治療並影響其他專業人員的活動。
社會模式（social model）	社會模式的健康照顧範圍較醫療模式廣，強調只有遠離疾病並非健康，個人應該在社會中發揮功能，人們不僅需要醫療層面的照顧，也需要家庭諮商、居家照顧或是日間照顧等，在此種模式之下，健康照顧多在社區中提供，除了醫護專業人員外，其他如社會工作者、諮商師或是志工都可能參與其中，醫生必須跟其他專業人員共同合作。
健康促進模式（health promotion model）	健康促進模式的照顧包含了疾病預防與降低失能狀況。研究發現，許多老人即使到了晚年，其身心功能仍維持得很好，只要能夠提供適當的支持，部份人的能力是可以回復的，專業人員會嘗試採取各種新式的治療或是健康管理的策略，例如，流感疫苗接種、拒菸運動、飲食教育等。

（資料來源：作者整理）

　　為因應我國長期照護人力需求，提升照顧服務品質，促進居家服務員、病患服務人員就業市場相互流通，增加就業機會，並整合居家服務員、病患服務人員訓練課程為照顧服務員訓練課程，政府於二〇〇三年訂定「照顧服務員訓練實

施計畫」。服務對象為日常生活活動功能或維持獨立自主生活能力不足，需他人協助者。服務項目是以家務及日常生活照顧服務。其主要的內涵為：

1. 以身體照顧服務為主：在護理人員指導下執行病患照顧之輔助服務。但服務範疇不得涉及醫療及護理行為。

2. 受訓對象：

   （1）具本國國籍，或領有工作證之外籍人士，且年滿十六歲以上、國民小學以上畢業者。

   （2）身體健康狀況良好，無不良嗜好及傳染病者。

   （3）具擔任照護服務工作熱忱者。

3. 訓練單位：接受直轄市、縣（市）政府委託辦理本計畫者，或符合資格之單位且具合格實習訓練場所，或與合格實習訓練場所定有合作計畫者，得擬具計畫，以核心課程訓練地之所在為準，送當地直轄市、縣（市）政府審查核定。

   （1）依法設立之公益慈善、醫療、護理社團法人，財團法人及公益慈善、醫療、護理人民團體。

   （2）設有醫學、護理學或社會工作相關科系所之大專院校。

   （3）醫療機構。

   （4）護理機構。

   （5）經內政部或直轄市、縣（市）政府評鑑甲等以

上之公立或財團法人老人福利、身心障礙福利機構。

4. 實習訓練場所：能容納訓練對象完成足夠個案實習之下列單位之一者。

（1）經直轄市、縣（市）政府督導考核成績優良之醫院。

（2）經行政院衛生署或直轄市、縣（市）政府督導考核成績優良之護理機構。

（3）經內政部或直轄市、縣（市）政府評鑑甲等以上之公立或財團法人老人長期照護機構、老人養護機構、身心障礙養護機構。

5. 師資條件：

（1）與授課主題相關之大專院校醫學、護理學、營養學、法律或社會工作相關科系所講師以上資格者。

（2）與授課主題相關之大學以上畢業，且具實務工作經驗三年以上者。

（3）與授課主題相關之實務經驗五年以上者（限實習、照顧技巧實務課程）。

6. 成績考核：受訓對象參加核心課程之出席率應達百分之八十以上，並完成所有回覆示教課程及臨床實習課程者，始可參加成績考核。

7. 結業證明：訓練期滿後，訓練單位應將結訓人員名

冊、出席情形及考核成績等相關資料，以核心課程訓練地之所在為準，送當地直轄市、縣（市）政府備查。經考評及格者，由訓練單位核發結業證明書；訓練單位並應將所在地直轄市、縣（市）政府同意備查之日期、文號載明於結業證明書內，以利查核。

8. 本計畫公告實施前已取得直轄市、縣（市）政府核發之居家服務員職前訓練、病患服務人員訓練結業證明者，或取得由訓練單位核發、並經直轄市、縣（市）政府相關單位核備之居家服務員職前訓練、病患服務人員訓練結業證明者，得於二年內至原培訓單位或直轄市、縣（市）政府委託之單位申請補訓。

9. 訓練時數

（1）核心課程：五十小時。

（2）實習課程：四十小時（含回覆示教十小時、臨床實習三十小時）。

（3）直轄市、縣（市）政府得依其業務需要增列照顧服務員分科訓練課程內容與時數。

10. 原已取得居家服務員職前訓練或病患服務人員訓練結業證明者之轉銜方式：辦理照顧服務員補訓之單位，應檢具原訓練計畫並載明原同意委託辦理或同意備查之機關、訓練人數、結業人員名冊、已核發之結業證明文件及補訓計畫書等資料，並檢據原委託辦理或同意備查機關之公文影本，送所在地直轄市、縣（市）

政府核定。訓練期滿後，訓練單位應將補訓人員名冊、出席情形及考核成績等相關資料，送所在地直轄市、縣（市）政府備查。經考核及格者，由補訓單位將原居家服務員職前訓練、病患服務人員訓練結業證明文件換發為照顧服務員結業證明書，並將直轄市、縣（市）政府同意備查之日期、文號載明於結業證明書內，以利查核。

參、照顧服務機能的拓展

我國長期照顧計畫裡，為落實在地老化，優先發展居家及社區式服務方案，提供生活照顧及醫事照護的長期照護服務。服務人力提供是建置完整長期照護服務輸送體系的關鍵因素，居家服務在我國經過多年提倡，現在照顧服務員技術士證照制度考訓的推動，對於提升照顧服務員的專業有所幫助，擁有證照對於從事照顧服務的工作者而言，代表專業性的增強。配合證照制度除可肯定專業外，亦增加薪給。以歐盟為例，也多依照居服員是否全職、服務內容、教育、經驗、城市消費、有無證照等標準加以調整薪資（Hutten & Kerkstra, 1996）。隨著證照之擁有、工作年資、在職教育之增強而調整待遇，對於提升其專業性與職業地位必有幫助。

因現代社會快速變遷，使得家庭結構改變，子女無法成為照顧父母的主要的提供者，社會資源適時介入，提供適當

居家服務，避免因獨居等因素，缺乏生活協助，形成生活無著。居家服務制度因應而起，以家庭照顧、老人服務為主。其功能在於提供老年人居家協助。經政府於二○○四年開辦照顧服務員丙級技術士技能檢定。居家服務員最大的特色在於，僅提供在宅服務與協助。對於戶外活動、需醫療性、或具有一定風險的服務，並不給予提供，造成使用此服務者的限制。

　　照顧服務產業是指：提供與高齡者有關的商品或勞務，包括營利事業、非營利組織和各級政府。亦即，是以高齡者為對象，不論是政府本身為了照顧民眾所開設經營，或由財團法人或社團法人所附設與提供的服務，甚至是民間企業為了營利目的而進行生產、製造或是提供的項目，都為照顧服務產業。所販售或提供的就是照顧服務，它有相當多的項目、類型與名稱，例如，長期照顧、社區照顧、居家照顧、日托照顧、暫托照顧等。與「照顧」一詞相似的是「照護」，在國內的運用上，各政策方案會因為主管單位不同，使用有差異；其中，照護則多是護理界的用語，被認定是屬於需具技術性的護理工作，必須由特定的「專業人士」才能執行（如護理人員），服務內容如留置、更換及拔除導尿管、更換及拔除鼻胃管、更換及消毒氣切管、靜脈注射、膀胱灌洗、大小量灌腸、傷口護理、造瘻口護理等。至於，照顧較常運用在社會福利領域，依「老人福利服務提供者資格要件及服務準則」所列舉的居家照顧服務為例，其主要有：

表11－2：居家照顧的服務內涵

項目	內涵
家務服務	含換洗衣物之洗濯及修補、服務對象生活起居空間之環境清潔、文書服務、備餐服務、陪同或代購生活必需用品、陪同就醫或聯絡醫療機構及其他相關服務。
身體照顧	協助如廁、沐浴、穿換衣服、口腔清潔、進食、服藥、翻身、拍背、簡易被動式肢體關節活動、上下床、陪同運動、協助使用日常生活輔助器具及其他服務。

（資料來源：作者整理）

　　隨著社會發展，急性疾病對人們生命的威脅已降低，取而代之的是慢性病與失能的盛行。因此，僅重視事後補救的醫療行為並不足以全面促進人們的健康，其需要多元健康服務體系提供預防保健與照顧服務支持。我國居家照顧服務發展可追溯一九八一年內政部設立「老人福利機構設立標準」中，明訂老人服務機構應有社會工作室之設施，並辦理老人諮詢服務、在宅服務、戶外活動服務及個案輔導，是以設立機構並由社會工作專業辦理在宅服務的開始。二○○三年內政部整合「居家服務員」與「病患服務人員」，統稱為「照顧服務員」。從二○○三年起，只要從事照護工作，不論在醫院、養護中心或是病患家中，都必須接受照顧服務員九十小時訓練課程，包括核心課程五十小時、實習課程四十小時，通過檢定才能取得結業證書。

　　為因應時代需求，落實社會福利「家庭化、社區化」原則，結合社會資源共同推動居家服務，協助因身心受損致日常生活功能需他人協助之居家老人及身心障礙者得到所需之持續性照顧，以提昇其自我照顧能力，紓緩家庭照顧者壓力，並提供受照顧者家屬習得專業服務技巧，以改善生活品質。推動加強推展居家服務實施方案，其主要內容如下表：

表11－3：加強推展居家服務實施方案的主要內容

項目	內涵	
方案依據	《老人福利法》，《身心障礙者保護法》，「社會福利政策綱領暨實施方案」	
服務對象	六十五歲以上因身心受損致日常生活功能需他人協助之居家老人。 領有身心障礙手冊且日常生活功能需他人協助之居家身心障礙者。	
服務項目	家務及日常生活照顧服務	換洗衣物之洗濯、修補，居家環境改善（以案主基本生活範圍為主），家務服務（助理），文書服務，友善訪視，電話問安，餐飲服務，陪同或代購生活必須用品，陪同就醫或聯絡醫療機關（構），法律諮詢服務，其他相關之居家服務。
	身體照顧服務	協助沐浴，協助穿換衣服，協助進食，協助服藥，協助翻身、拍背、肢體關節活動、上下床，陪同散步、運動，協助使用日常生活輔助器具，其他服務。

項目		內涵
實施要項	召募服務人員	各級地方政府為提供服務對象適切之居家服務，應召募居家服務員，並置居家服務督導員，俾藉由工作團隊之運作，提昇服務品質。
	居家服務員	**專職居家服務員**　指每週服務時數四十小時以上者。
		兼職居家服務員　指每週服務時數十八小時以上，未滿四十小時者 。
		志願居家服務員　指每週服務時數四小時以上，未滿十八小時者。
	居家服務督導員	凡誠心參與居家服務督導工作，且具社會工作、醫護等相關科系學歷者，或服務滿五年以上之專職居家服務員等均得為居家服務督導員。
執行計畫		配合《推動社會福利社區化實施要點》及「推動福利優先區實施計畫」，並整合服務區域內現有之福利機構，鼓勵其開拓外展服務， 促使資源有效利用。

（資料來源：作者整理）

　　進行需求調查各級地方政府應就推展居家服務區域內之服務對象進行需求調查，了解所需之服務項目，推估所需各類居家服務員，作為推動依據。各類服務員組成工作團隊，針對服務對象特性訂定服務計畫，確實執行，以改善其生活品質。加強教育訓練的方式有：

表11－4：介護保險制度的目的

項目		內涵
居家服務員	職前訓練	凡居家服務員均應參加職前訓練；訓練期滿後，經考評及格者，發給結業證明書，並取得擔任專職、兼職、志願居家服務員之資格。
	進階訓練	為提昇居家服務品質，居家服務員於從事居家服務滿六個月以上者可依居家服務督導員之建議，並視實際需要規劃辦理；訓練期滿後，經考評及格者，發給結業證明書。
	成長訓練	為增進居家服務員專業知能，經職前訓練及進階訓練及格，且再從事居家服務滿六個月以上者，可依居家服務督導員之建議，並視實際需要規劃辦理；訓練期滿後，經考評及格者，發給結業證明書。
居家服務督導員	職前訓練	凡居家服務督導員均應參加職前訓練；訓練期滿後，經考評及格者，發給結業證明書，並取得擔任居家服務督導員之資格。
	進階訓練	為提昇居家服務督導品質，居家服務督導員從事居家服務督導工作滿六個月以上者，得視實際需要規劃辦理；訓練期滿後，經考評及格者，發給結業證明書。
	成長訓練	為增進居家服務督導員專業知能，經督導員職前訓練及進階訓練及格，且再從事居家服務督導工作滿六個月以上者，得視實際需要規劃辦理；訓練期滿後，經考評及格者，發給結業證明書。

（資料來源：作者整理）

　　在照顧服務員訓練課程的規劃方面，應先檢視我國長期照護體系包含些什麼、提供些什麼服務，再修訂照顧服務員相關訓練課程的內容與時數；再者，適度的在職訓練課程應明確規範於訓練辦法之中，並明定進階課程，以增加投入此行業工作者未來職涯發展的可能性，並且應運用附加課程提升照顧服務員在就業市場的競爭力（如家事管理培訓課程），以高品質的勞動力吸引民眾雇用，方能增加照顧服務員的就業機會，及改善其勞動條件，達成健全長期照護人力資源運用之目標。

　　參酌歐盟各國居家服務費用自付額之比例，相對而言，我國居家服務費自負額比例偏高，是以，政府通過「推展社會福利補助經費申請補助項目及基準」修正案，從二〇一〇年一月起，政府對長期照顧十年計畫為有效建構長期照顧服務體系，並銜接長照保險的規劃期程，低收入戶由政府全額補助；中低收入戶由政府補助百分之九十、一般戶的補助比率從現行百分之六十，提高至百分之七十，以減輕民眾負擔。鼓勵設置日間照顧中心、失智症老人日間照顧中心，增列補助開辦設施設備費、充實設施設備費、修繕費，最高可補助百分之九十。也增列日間照顧服務提供單位開辦設施設備外，並補助照顧服務員服務費，以提高辦理意願，減輕提供單位的人事成本。為減輕居家服務提供單位對於照顧服務員投保勞、健保、提撥勞工退休準備金的經濟負擔，並強化照顧服務員勞動權益保障，於長照保險開辦前，補助部分雇

主應負擔照顧服務員的勞、健保費用及勞退準備金。另外，考量山地、離島及偏遠地區提供服務所需交通及時間成本較高，增列補助這些地區照顧服務員的交通費。為鼓勵老人福利機構聘用復健及營養專業人員，提升服務品質，對於進用物理治療、職能治療人員及營養師者給予服務費補助。

現行「照顧服務員」已將過去居家服務員、病患服務員整合成一種職類，其工作場所可能包含：醫療院所；機構式服務場所；社區式服務場所；榮民醫院；榮民之家等。上述照顧服務員不同工作場所，目前分由不同主管機關訂定相關法規管理。照顧服務人員不易在各種工作場所互通有無，對於「照顧服務福利產業發展方案」希望藉由整併後的照顧服務員能在社政、衛政體系內靈活流動，增加工作機會與管理便利性，則尚待實踐。

肆、推動照顧服務產業發展

針對高齡長者的需要及服務項目，必須建立足夠的供給市場，長者才能享有購買的選擇權，進而透過市場從量的增加，達到質的改善。是以，在看待老人的照顧服務時，必須將它從傳統「福利」的角度提升至「產業」的視野。希望透過對老人或身心障礙者提供日常生活、醫療服務的居家/社區，或機構照顧，以滿足高齡化社會所需的照顧需求，同時促進相關產業的發展。同時，為了讓照顧服務突破僅是「殘

補式（residual）」的高齡照顧功能，目前照顧服務的提供與使用模式需要進行必要的修正，一方面讓民眾獲得財務支持，有能力購買所需要的服務項目，另一方面則需刺激服務供給的數量，擴大各部門加入服務產業，如此民眾才能夠平易的獲得服務。

　　由於臺灣地區老人人口快速增加，失能者需要照顧也隨諸增加，為提供失能者身體和日常生活照顧服務，降低外籍監護工聘僱人數，並創造國人就業機會，政府推動照顧服務產業發展方案。其內容為：

表11－5：政府推動照顧服務產業發展方案

項目	內涵	
服務項目	包含機構照顧、社區照顧、居家照顧、輔具使用等。	
服務對象	由中低收入失能者擴及至一般失能國民，藉由部分服務補助，誘發服務需求，以創造居家服務就業機會。	
服務經營者	由非營利團體及民間企業共同投入照顧服務產業。	
服務提供者	以本國人力，鼓勵離農、中高齡及婦女共同投入照顧服務，擔任居家服務員。	
居家服務補助標準	輕度失能者	每月最高由政府全額補助八小時，第九至第二十小時政府最高補助百分之五十，使用者自行負擔百分之五十；
	中重度失能者	每月最高由政府全額補助十六小時，第十七至第三十六小時政府最高補助百分之五十，使用者自行負擔百分之五十。

（資料來源：作者整理）

　　我國人口快速老化的程度使得社會意識到，若不能正視老人的照顧需求，並且建置制度化作為，不僅高齡者將面臨生活品質下降的威脅，對於因為少子化現象而持續萎縮的家庭支持網絡，更是一種負擔與挑戰。關於高齡者的照顧，二〇〇〇年四月日本介護保險的設立與實施，讓非政府組織（NPO）及一般企業可以進入介護保險市場提供服務，相較於其他亞洲國家，日本的介護保險在法令、制度及營運上尚稱完備，可供其他國家參考。

　　介護保險的設立是基於國民共同連帶的理念，對於因高齡伴隨而來之疾病而需要照顧的人，為回應其本身所具有的能力並使其能自立於日常生活中，提供醫療保健服務或社會福利服務。其目的為醫療保健的提升及社會福利的增進。介護保險制度的目的為下列四點：

表11－6：介護保險制度的目的

項目	內涵
藉由社會相互扶助消除此不安	高齡者照顧的長期化加上需要被照顧的高齡者逐年增加的緣故，家人的照顧有其限度；因此將原有的家族照顧移轉到社會照顧可消除國民的不安。
社會保險方式其給付及負擔明確	高齡者的需求及價值觀人人不同，為因應此多樣化，高齡者可按其需求自由選擇其所要的服務。
從服務提供者中接受綜合性服務	藉由自己的選擇，高齡者可從各種服務提供者中接受醫療、社會福利等綜合性服務。如公營機構、醫療法人、社會福利法人、民間業者、非營利組織等。

項目	內涵
促成社會保障構造改革	介護保險實施前，一般人選擇長期住在醫院而非老人看護設施，造成所謂的「社會性入院」。介護保險的實施，將照顧和醫療保險分開，其目的是為了消除此一現象。

（資料來源：作者整理）

　　為了消除國民對年老後無人照顧的不安，社會福利和醫療分支，高齡者的介護制度重整後，容易利用、公平且統一的社會支援系統的建構是介護保險制度的設立目的。讓社會共同承擔個別家庭所面臨的照顧風險與支出，相較於與其他銀髮產業，老人照顧服務產業已成為當前深受矚目的領域。藉由制度的實施希望達成普遍性、權利性、公平性和選擇性的原理。政府於二○○四年提出的「服務業發展綱領及行動方案」中，照顧服務產業被劃分在第一類的醫療保健照顧業中，該方案並列出相關的項目有：

表11－7：照顧服務產業的內涵

項目	內涵
長者輔具	獎勵本土輔具研發，建立各類輔具標準認證系統，輔具供需資訊與物流或租賃中心。
無障礙空間	結合建築、科技、醫療及運輸等，規劃公共空間及居家無障礙環境。

項目	內涵
照顧服務	醫院病患照顧、居家照顧、社區臨托中心、失智中心。包含協助如廁、沐浴、穿換衣服、口腔清潔、進食、服藥、翻身、拍背、簡易被動式肢體關節活動、上下床、陪同運動、協助使用日常生活輔助器具及其他服務。
老人住宅	老人住宅針對身心機能尚屬健康者，其目的不在於滿足老人最低層次的身體照顧需求，而是為了提升老人的生活品質，降低環境因素所可能造成的生活風險，並帶動其他相關產業，包括交通、觀光、信託、娛樂、保險。

（資料來源：作者整理）

　　為呼應高齡者的生活需求，鼓勵非營利團體及民間企業共同投入照顧服務產業，建構多元化照顧服務輸送系統，全面提升照顧服務品質，達成選擇多元化、價格合理化與品質高級化之目標。並希望透過多樣的服務提供者的加入，讓市場機能發揮效應，提升服務品質及效率。

伍、結語

　　社會安全制度是從各種各樣生活上問題，去保障國民生活的一種社會制度。因應家庭的變遷或社會經濟條件的變化，而不斷的修訂社會安全制度。依時代潮流、個人各種價

值觀，而確立能促使國民過著自由有尊嚴地生活的基礎。在高齡人口急遽增加之時，老人福利服務益顯其迫切性與重要性，是以更應不斷鑽研相關知能，分享服務經驗，藉以提升服務品質，因應需求拓展服務項目，使政府機構，社會資源相互為用，以全方位、人性化的需求導向，提供適切的福利服務。

　　為了因應高齡社會的來臨，政府在二〇〇三年提出了「照顧服務福利及產業發展方案」，期待透過政策的推行，建構完整的福利產業與照顧支持系統，特別是老人福利機構如何轉型經營及管理，強化機構功能，落實社區照顧服務的提供，促進社區民眾的認識瞭解，進而參與支持推廣老人福利服務；同時亦以老人福利機構為老人福利服務輸送轉介之核心，依照機構資源及特性發展重點特色之福利服務，促使在法制的完備，整體性多元化的福利政策，符合需要的福利措施，號召民眾踴躍參與，相互連結匯聚力量，齊心拓展福祉，為老人福利締造優質模式。

附錄

● 「老人福利專業人員資格要點」
　請參閱衛生福利部社會及家庭署老人福利網站
　http://sowf.moi.gov.tw/04/02/02.htm

● 「老人福利服務專業人員資格及訓練辦法」
　請參閱衛生福利部社會及家庭署老人福利網站
　http://sowf.moi.gov.tw/04/02/02.htm

● 「社會福利基金進用契約臨時人員管理要點」
　請參閱衛生福利部社會及家庭署老人福利網站
　http://sowf.moi.gov.tw/04/02/02.htm

第十二章
老人的休閒與教育

壹、前言

在國人健康生活充足、平均壽命延長的情形下，六十五歲以上老人退休後的生活安排，顯得格外重要。且教育老人接受自己老化的事實，及老人精神面的生活安排也是很重要的。從積極面的角度，不論個人身心機能狀況為何，其健康是可以被管理的，透過早期預防保健機制與照顧體系之設計，延緩個人產生失能或是失能情況惡化，改善老人的生活品質。然而，重要的是：此一領域應採取宏觀的視野，並且從終身學習（lifelong learning）的角度來建構。高齡者教育與學習是其自身適應社會及生活最佳的方式，更不容在服務的過程中忽視。終身學習的目的在：提供成人終身生命歷程能接受教育與提升學習技能。老人的技能也必須促進與提升，才能滿足勞動市場競爭的需要。

面對人口老化或社會高齡化，教育與訓練的人力投資是重要的一種策略。鼓勵退休人員參與志願服務工作，並加強

志工組織與訓練，促使退休者都能運用其知識、體能、勞力、經驗、技術、時間等，去幫助別人之不足而再貢獻社會，過著有意義快樂的晚年。可預期的，科技環境將持續的產生深遠與迅速的變遷。如果我們要對這些持續的變遷加以回應，那麼，我們就需要一種終身學習的文化。對於台灣而言，發展終身學習的文化將有助於社會發展，以及我們在全球經濟的競爭力，從長期的角度來看，終身學習文化的創造，將不僅會提昇我們的生活水準，更是社會永續發展的基礎。

貳、高齡者的教育

老年是生命歷程的最後一個階段，無意外每個人都會經歷老年，我國老年人口增加速度，在全世界名列前茅，醫療保健、經濟安全、長期照顧等成為重要的社會、政治、經濟議題。傳統觀點認為：學習是兒童與年輕人的事，工作是中年人的事，而退休則是老年人的事。蔡斯門（Zusman）提出了「社會崩潰徵候理論（Social Breakdown Syndrome Theory）」強調：社會訂立了一個標準，成人必須工作或有生產力，年輕人就給老人加上不良標籤，老人都是不合格的，沒有生產能力的。老人接受了這標籤自認為無用，已落伍了。並且改變其行為符合此標準，成為依賴、無能，身體衰退、心理老化，導致死亡。（Zusman, 1990）

　　新世代的思維則挑戰此種看法，要求社會政策與計畫方案支持終身學習，使老人能順利參與勞動市場，並在生命歷程的不同時間點上擔負照顧提供的角色。使「人人能學習、處處有學習、事事要學習、時時在學習」，讓「終身學習的理念」與高齡教育的實施落實在每一個人的生活中，以發揮「活到老，學到老」終身教育功效。老人若能運用其專長參與社會服務，對社會、老人家而言，都是有助益的。積極老化的老人福利政策強調：它對老人與高齡人口均有許多挑戰。倘若醫療、就業、教育與社會政策能支持積極老化，那麼，對社會的積極貢獻：

　　第一，老人較少患有與慢性病有關的身心障礙；

　　第二，更多老人可享有積極的生活品質；

　　第三，更多老人積極參與社會、經濟、文化與政治層面的活動，也較可能參與有給、無給角色，以及家務、家庭與社區生活；

　　第四、降低與醫療處置和照顧服務相關的費用。

　　一九六五年，聯合國教科文組織國際成人教育促進委員會，討論了保爾‧朗格朗（Paul Lengrand）關於終身教育構想的提案，指出：「教育應當貫穿於人的一生，從嬰兒出生一直到生命終止。」一九九四年，聯合國教科文組織在羅馬舉行了「首屆世界終身學習會議」提出了「終身學習是二十一世紀的生存概念」，強調「如果沒有終身學習的意識和能力，就難以在二十一世紀生存」。聯合國教科文組織的報告

中指出：參與學習活動的高齡者，在生活滿意度方面常高於未參與者，而且參與頻率愈高、參與時數愈多、參與態度愈積極、參與成效愈好，生活滿意度也將愈高。我國社會，老年人口明顯呈現快速成長的現象，因此關懷老人、重視老人亦明顯地成為當前我國社會發展的重要目標之一。

在國人健康生活充足、平均壽命延長的情形下，六十五歲以上老人退休之後的生活安排，就顯得格外重要。除了部分老人投入再就業市場之外，隨著年齡的增長，適合老人的休閒、文藝活動也與年輕時不同，且老人對於提昇精神生活的重視度也日益提高，故對於老人精神生活之充實將著重益智性、教育性、欣賞性、運動性等，可兼顧動靜態性質的活動，以增進老人生活之適應及生命之豐富。教育是進入勞動市場或有給就業的一種重要管道，也是社會參與的一種重要形式。從社會凝聚力與公平正義的角度來看，終身學習具有重要的影響與意涵。一個經濟極化或貧富差距很大的社會，往往會帶來負面的影響而毀損社會基礎。終身學習將賦與個人權力以做出建設性的回應，也將有助於社會的自由與民主傳統。老人的終身學習應包括幾個基本特徵：

表12－1：老人終身學習的基本特徵

特徵	內涵
親便性	就時間、成本與地點而言，終身學習要有高水準的可近性。
節奏性	友善使用者，對於老年學習者應注意適當的速度。
互動性	應注意教育組成要素間的互動與彼此的連結。
區域性	終身學習是地方取向的，並認知優先順位的學習。
特殊性	關注特殊勞動市場需求與廣泛的個人和社會利益。
多元性	強調終身學習取向、管道、方法與內容的多樣性與差異性。
新穎性	鼓勵與協助老人適當的使用新科技。

（資料來源：作者整理）

　　隨著社會的現代化，促成生育率下降的因素包括：家庭型態趨向核心家庭、結婚年齡提高、青年人口有偶率降低、有效生育期間縮短等。又由於醫療衛生技術逐年快速進步，使國民平均壽命逐年提升，加上國民生育率逐年下降，導致人口結構產生重大的變化，由金字塔型快速趨向於保齡球瓶形狀，老年人口大幅擴增，根據聯合國教科文組織的報告指出：老人參加愈多學習活動，愈能融入社區生活，也對健康與福祉有重要的幫助（楊國德，1999）。

　　高齡化社會已來臨，高齡者參與終身學習是成功老化的重要因素，高齡者因為其生理、心理及社會等因素，在學習的內容及教學課程設計與實施方式，有其他特殊性並有別於

一般成人教育或是學校教育，在安排高齡者教學環境的條件須多方配合。老人在很多社會中，經常扮演著傳遞訊息、知識、傳統和精神價值的角色。這種重要傳統，仍應繼續存在於人類社會中；我們也看見愈來愈多健康且活躍自主的銀髮族，除了自得其樂之外亦樂於服務他人。社會中絕大多數的老年人仍生活在社區中，進入老人安養護中心或是護理之家等機構中的老人仍為相對上的少數。一九七一年在「白宮老年會議」提出五類老人教育需求（邱天助，1993）：

表12－2：老人教育需求

項目	內涵
參與的需求 （coping needs）	使個體在複雜的社會中得以充分參與並發揮功能的需求。
表現的需求 （expressive needs）	老年人可以從參與活動本身獲得回饋與滿足。
貢獻的需求 （contributive needs）	老年人往往尋求著服務的機會，希望能對社會有所貢獻，並由貢獻中自我實現。
影響的需求 （influence needs）	教育提供幫助老人認清自己得社會角色的課程，並提供社會支持。
超越的需求 （transcendebce needs）	老年人的階段更需求深入的瞭解生命的意義，回顧自己的大半生，並超越生理的限制。

（資料來源：作者整理）

　　隨著科技及醫學的發達，人類平均壽命逐漸延長，使得老年期幾乎佔滿了個體生命全程的三分之一，依據台灣的平均餘年水準，六十五歲的高齡者約有十五年的餘命，故提供高齡者教育可以使高齡者不斷地發展自我、擴展視野，瞭解社會並具有適應變遷、與時俱進之能力，透過學習，有助於老人重新確認個體生命的意義與價值，並對高齡期的生涯發展有重大幫助、有助於高齡者完成在成年晚期應有的發展任務。迎接高齡化社會的到來，部分關心老人身心發展的熱心人士，於一九九四年間組織「老人教育協會」，繼而成立「老人社會大學」，藉以提供台灣地區的長者一個可以休閒、可以學習、可以交誼的處所。讓高齡者可以在自由分配時間的選擇下，參與自己所喜愛，並認為有價值、有目標的方式，進行相關的教學活動，讓高齡者能從師生互動、學員互動中，獲取新知，開拓視野及自我體驗與鼓勵，有效地幫助高齡者維持身體健康，延緩身體的老化，藉以提昇高齡者生長活力及自我實現的發展目標。老年人有豐富的閱歷、知識、經驗，是寶貴的人力資源，通過開展老年社會工作，充分利用老年人人力資源，落實「老有所樂」，使老年人既可以為教育下一代做出貢獻，又可以在社會中充分發展，實現自身的價值。社區是我們賴以生存、休戚與共的地方，故在社區意識抬頭的這些年度裏，無論是政府機關、社教機構或是民間團體，其施予教育福利服務之處多由此出發。常言道：活到老，學到老。這是因為：

第一，社會在不斷地變化，老年人為了適應這種變化，需要不斷地學習。

第二，學習對老年人來說是一種很有利於身心健康的鍛鍊。

第三，學習結果可以讓老年人感受到自己的有用和成就，從而增強自信心。

第四，學習可以讓老年人實現一些理想，比如有的老年人年輕時期因為忙於工作和家務，沒有時間去學習自己喜歡的知識和能力，退休後有大量的時間，就可以去學習自己喜歡的項目。

高齡者教育與學習是其自身適應社會及生活最佳的方式，不容在服務的過程中忽視。學習對老年人來說是很重要，作為老年社會工作者應該重視老年人的學習。老年生活中大部分的問題─經濟安全、身心健康、社會福祉─可以透過教育使老人具備應付的能力而加以有效解決。老人大學的成立，係以貫徹「活到老、學到老、玩到老、樂到老、活得好」的精神，希望藉著各項研習課程，讓老年人在課程當中交誼、在課程當中擴增視野，在課程當中活健筋骨，在課程當中增進身心的健康，並且在生活當中享受優質、活力的智慧人生。理念上，具有如下之特色：

表12－3：老人教育特色

項目	內涵
對象全民化	老人大學雖以提供中老年人教育為己任，但課程安排兼具多元、多樣，完全生活化，不但適合中老年人進修，也開放一般大眾選讀。
學習終身化	課程以實用為主，可充分應用在日常生活當中，再加上課程內容多元，最適合做為終身學習場所。
課程多元化	課程涵蓋語文、藝術、醫療保健、生態、科技、運動及休閒，最能滿足不同領域人員之需要
教材生活化	教師所規劃之課程，完全以提升學員生活品質為目的，因此課程教材最具生活化。
教學生動化	所聘任之師資，均為資深授課老師，不但具有專業的學成背景，同時與學員互動經驗最豐富，最能了解學員需要，也最能滿足學員生動化的上課要求。
地點社區化	為方便各地學員選修課程，老人大學目前所租借的的教室，校區深入各社區，除了有助於社區老人研修外，更有利於各地區的文化深根運動。

（資料來源：作者整理）

社區是所有人共同生活的地方，學習文化是一種生活的方式，是一種正常的、可接近的、生產性的，具有每天生活均富有樂趣的特色。為推展高齡教育，近年來國內積極結合社區高齡照護與老人學習的在地服務模式出現。具體細分，概分為偏重老人照護的社區老人日托站，強調終身學習的台

灣樂齡學習中心，或是兩者兼具的社區照顧關懷據點。老人
教育的目的，在於準備擔負新的發展任務，如適應家庭中角
色的轉換，準備再就業或擔任義務性的工作；或以追求心靈
的成長，開發內在的潛能為目的；在於防止個人生理、心理
和社會機能衰退；要對自己一生的經驗作一評斷，以瞭解或
體會經驗的意義與生命價值；在於將個人知識和經驗作較高
層次的瞭解。

　　參酌英國的「第三年齡大學」，第三年齡一詞系來自法
國，現已成為英國及其他許多國家在高齡教育政策規劃上的
重要名詞。第三年齡被美國學者弗雷登（Friedan, 1993）稱為
「多出的生命年數」她以「老化中的成長」一詞來顯示第三
年齡階段老年人所擁有的成長與發展的潛力。第三年齡大學
此一概念很快地位其他國家所採用，比利時、瑞士、瑞典、
波蘭、義大利、西班牙、美國和加拿大等都很快地陸續開始
第三年齡大學的課程，到一九八一年該會已共有一百七十個
第三年齡大學。現在英國第三年齡大學的經驗已被視為是由
老年人自己所發起的一項成功的自助運動，基本精神和運作
原則：

　　一、挑戰有關因老化而智力衰退的理論，並使老年人意
　　　　識到自己在智力、文化和美學上的潛能。

　　二、教育英國社會大眾了解現在年齡結構的事實及老化
　　　　的情形。

　　三、提供已經從工作中獲得自由的人們發展智力、文化

生活的資源。

四、創造一個義務性質的教與學機構。

五、組織一個與資格、獎賞和個人升遷無關的機構。

六、從事與老化過程相關的研究及改進措施。

七、鼓勵建立區域性機構，並進行合作計畫。

八、提供英國老人其他教育刺激的機會。

事實上，老人不只是學習型社區的消費者與享受者，也可以成為共同生產者與規劃者。在傳統社會老人代表智者，他們存活的時間久，經驗及閱歷豐富，可以傳承給下一代，所以對老人敬重。到了現代社會，科技昌明日新月異，傳統知識快速遞嬗，成為輕老，老人被視為沒有價值，退休後不再有地位、收入減少，社會沒有賦與他們新的角色。爰此，高齡者經由終身教育與時俱進，在此參與過程中，老人也可獲得實質的學習與成長。教育正是人類面臨高齡化社會的良方，高齡教育的發展是高齡社會對策的核心，老人教育是迎接高齡社會挑戰的不二法門。

透過高齡者教育實施模式與運作機制的探討，讓社區性的高齡者教育實施方式，能進行有效的統合，達到資源互相連結（linkages），提供高齡者完善且多樣化的教育課程設計，使高齡者教育的實施，完成統整、有效率、多元而健康性的發展，在學習型社區的工作項目或活動上，老人可參與的類型主要有三（林振春，1999）：

　　第一，組織社區終身學習志工團體：除鼓勵社區老人參與終身學習志工團體外，也應針對老人的學習需求提供相關的服務。

　　第二，培訓社區終身學習推動種子人才：成立社區老人學習種子班，由老人參與籌畫和培訓工作，也使老人成為社區終身學習種子人才。

　　第三，創立銀髮族人力銀行：藉由種子人才、社區學苑與志工團體等方案建立人力銀行，透過終身學習資源與資訊中心傳播人力銀行的供需情形，並鼓勵老人參與銀髮族人力銀行的事務推動。

　　為保障老年人生活安全，有需要引介新進國家制度外，如美國推行老年志工有車馬費等的志工制度或鼓勵老年人再就業或延長退休年齡等的各種措施。或如日本一樣，訂定中高齡再就業制度，訓練與輔導老年就業，並獎勵企業雇用老年人，尤其私部門可自訂延長退休年齡等的措施。如此，才能使有意而健康的老人出來工作，如此才能合乎高齡社會的潮流，善用銀髮族的人力資源。

參、高齡者的休閒

　　建構適合老人居住的生活環境，除了推動老人在宅老化與在地老化外，更應積極規劃整合性的社會福利與服務網絡，以提供所有老人完善的福利服務。另一方面，政府也應

積極規劃且推動社區多元化的老人休閒活動與娛樂設施與服務，結合民間與政府部門資源，建構老人照護網絡與推動銀髮產業。在老人休閒活動與娛樂方面，尤應提供老人充分的社會參與，平等分享社會、教育、文化、宗教與娛樂資源。一般而言，老人社會參與活動的主要類型包括：休閒活動、志願服務與終身學習等。老人社會參與活動應考慮老人的體能限制，並增加老人對各項休閒活動與娛樂設施運用的可近性。與其他年齡團體一樣的，老人也有相同的休閒與娛樂需求。對於老人而言，娛樂與休閒活動可能受到個人的不同生活經驗、教育、環境、技能、健康情形與特殊需求的影響。根據休閒活動的性質來劃分，我們可將老人經常參與的休閒型態區分成五種：消遣型休閒、嗜好型休閒、運動型休閒、知識型休閒與服務型休閒。其中，服務型休閒係指盡自己本份、貢獻己力與服務利他的休閒活動，例如照顧孫子女與志願服務等。這種型態的休閒活動不僅讓退休老人享受回饋的樂趣，也使他們獲得自我肯定的價值。

在社會的領域裡，高齡化改變了家庭結構、生活型態、住屋需求；在文化的領域裡，世代交替、價值取向的互動與影響，可能產生障礙。鑒於社會歧視對老人有極不利的影響，古柏斯及邊史東（Kuypers & Bengston）為消除這些不良的影響因素，提出了「社會重建徵候理論（Social Reconstruction Syndrome Theory）」，認為老人的環境及自我概念間的消極互動，形成社會上許多老人問題，必須打破不良標籤的惡性循

環，該理論強調：第一，社會必須消除對老人的歧視。第二，社會應提供老人所需要的服務，諸如交通運輸、醫療照顧、居住、居家照顧、保健訓練及教學課程等。第三，尋求更具創意的方式使老人能自理生活。第四，有能力工作的老人助其創業及再就業。第五，病殘或喪失獨立生活的老人，應提供良好的復健項目，使其能全部或部分獨立生活。（Kuypers & Bengston, 1973）在促進老人生活品質的方法上，可考慮參與藝術與文化活動。透過藝術、歷史與其他慈善活動，老人可以貢獻社會。在傳遞社區文化知識與技能上，老人因具有豐富經驗與寶貴智慧而扮演重要角色。對於企業界來說，未來，它們有機會以較符合某種目的與需要的產品來滿足這種日益擴展的市場需求。老人有時間與專門知識與技能以有給或志願服務的方式提供援助，以推動或增進老人的旅遊、娛樂與休閒活動。

　　穆迪（Moody）認為老年人的重要特徵之一，即在於心靈和精神層面來追求人生的意義和瞭解。老年人想要決定經驗的意義和對所獲得的生活經驗作一統整。為增進老人生活適應，保障老人權益，政府專案補助績優民間團體於北、中、南三區設置老人諮詢服務中心，並開辦「老朋友專線：〇八〇〇－二二八五八五」，透過社會上對老人心理、醫療護理、衛生保健、環境適應、人際關係、福利與救助等方面具有豐富學識經驗或專長人士參與，對老人、老人家庭或老人團體提供諮詢服務，協助解決或指導處理老人各方面的問

題。落實老人休閒、教育及社會參與的作法，可以是：

一、長青學苑

為增進老人退休後生活安排與適應，鼓勵其積極參與社會、充實精神生活，及提昇自我實現與自我價值，政府補助民間團體辦理長青學苑，課程內容兼具益智性、教育性、欣賞性、運動性等動靜態性質，豐富而多元。

二、老人文康活動中心

為充實老人精神生活、提倡正當休閒聯誼、推動老人福利服務工作，鼓勵鄉鎮市區公所興設老人文康活動中心，以作為辦理各項老人活動暨提供福利服務之場所，目前老人文康活動中心（含老人福利服務中心），提供老人休閒、康樂、文藝、技藝、進修及聯誼活動。另為配合老人福利服務需求，老人文康活動中心也成為福利服務提供的重要據點，諸如辦理日間照顧、長青學苑、營養餐飲、居家服務支援中心等。

三、行動式老人文康休閒巡迴服務

為取代定點補助興建老人文康活動中心功能，展現政府為民服務的行動力，擴大服務輸送管道，讓偏遠地區因資訊不足、交通不方便之長輩明瞭政府提供的福利服務，將相關資訊遞送至有需求的家庭，甚至當場提供協助，政府推展

「行動式老人文康休閒巡迴服務實施計畫」，由政府補助縣市購置多功能、美觀、行動力十足的多功能巡迴關懷專車，並統一設計代表溫馨關懷之標誌及彩繪外觀圖案後，由縣市政府結合民間團體定期定點辦理社區巡迴服務，利用巡迴關懷專車深入社區，於各地老人聚集之社區公園或廟口，提供福利服務、健康諮詢、生活照顧、休閒文康育樂等服務，協助鄉村地區老人就近接受服務、鼓勵社區老人走出家門與社區居民互動，學習關心公共議題，參與活動並了解各項社會福利服務措施。

四、休閒育樂活動

閒暇是老年人生活中的主要內容。對閒暇的認識和利用，決定了老年期的生活質量。在傳統社會裡，老年期的閒暇代表了成就與威望；在現代社會裡，老年期的閒暇代表了人生的繼續與補償。

對於老人而言，創造適合於老年社會參與的社會環境是相當重要的事。Wacks（1990）歸納四個影響成功老化的因素，包括：順應變遷、安於現狀、持續投入、生活滿意，其中「持續投入」被視為是最重要的層面，因為藉由持續不斷地投入，將有助於高齡者尋求個人之意義觀點及自我認同，進而提高生活滿意度。因為社會支持網絡、終身學習機會，以及保障老人免於暴力與虐待不僅可提升或促進老人健康、社會參與和經濟安全，而且社會孤立、寂寞、缺乏教育與處

表12－4：老人休閒育樂活動

項目	內涵
屆齡退休研習活動	對於即將退休者提供研習活動，以增強民眾規劃銀髮生涯的能力，及對於相關法令、福利的了解，協助心理、生理及社會的適應。
參與社會服務活動	參與社會服務活動：鼓勵老人參與社團或社會服務活動，以獲得服務社區和社會的機會，增進與社會互動關係及精神生活。
各類優待措施	為鼓勵老人多方參與戶外活動，對於老人搭乘國內公、民營水、陸、空大眾運輸工具、進入康樂場所及參觀文教設施等，提供半價優待。
辦理老人福利活動	包含老人人力銀行、各項研（討）習會、觀摩會及敬老活動等項目，滿足老人休閒、康樂、文藝、技藝、進修及聯誼等需求，以增添老人生活情趣，提昇銀髮族身心靈快樂，達到健身、防老的雙重效能。

（資料來源：作者整理）

於衝突情境中往往會增加老人身心障礙與過早死亡的風險。對於老人福利政策來說，社會參與規劃是相當重要的關鍵。它不僅決定老人社會參與活動本身的性質，也連帶影響經濟安全與醫療保健的落實。

　　當「在地老化」成為政策制定的主要考量，「社區照顧」成為福利服務的重要選項時，如何將高齡者不僅視為被照顧的對象，亦應將其視為可學習的對象，透過學習，可以將所需的各項社區照顧服務轉變成為社區性預防照護活動，

讓老人家都能活得既久且好，自信、自尊與自在地安享天年。對於老人來說，社會參與具有四種主要功能：

表12－5：老人社會參與的主要功能

項目	內涵
滿足老人的適應需要	延續中年時期的社會活動與社會關係。
滿足老人的表現需要	讓老人參與喜歡的活動，表現自己的能力，也覺得生活有樂趣、生命有意義。
滿足老人貢獻的需要	將寶貴生活經驗貢獻社會，體會生命存在的價值。
滿足發揮影響的需要	讓老人的智慧與專長可發揮影響力量，並獲得他人的肯定與尊重。

（資料來源：作者整理）

台灣人口正朝老化的趨勢快速發展，也反映出近代社會迅速變遷的多元樣貌。除了身體照顧的基本需求之外，高齡者其他生活現實面的需求更要隨著時代變遷與社會文化的不同而有所差異。到了老年階段，能否正向適應身體、心理、社會各層面的轉變，周遭更多的配合與支持則是更為重要的因素。

肆、結語

　　史丹福大學兩位醫學院教授佛雷斯及克雷帕（Fries & Crapo），發現當前由於科技進步及人民生活的改善，死亡率已大幅度降低，人類平均壽命延長，但是多數老人罹患疾病需要照顧，社會耗費大量的人力、物力及金錢辦理對這些老人的醫療服務及照顧。有鑒於此，他們提出生存曲線理論，要點包括：第一，降低人口的死亡率，使大多數人都能延長壽命。第二，運用訓練方法以延緩高齡者老化的時間，使大多數人都能過著健康的生活。第三，設法使人類初步衰老的時間延緩。第四，健康老人能得到自然的死亡。爰此，社會各界宜多宣導「老有所學」、「老有所用」的政策，賦與老人新角色，鼓勵老人自立自強，過有尊嚴的老年生活。經由統整具有前瞻性、務實性的高齡教育實施模式與運作機制，藉以落實政府擘劃老人教育政策的藍圖，勾勒終身學習社會的願景，是臺灣社會發展上刻不容緩的一項重要政策目標。

　　老年需求是多元的，社區福利服務項目的種類有多種，包括：膳食服務、辦事服務、送醫服務、居家照顧、家事服務、交通運輸、購物服務、日間照顧、臨時照顧等。社區應先調查區域內老人的需求、人數的多少、收費的情形，然後決定可以舉辦的項目。歸納整理其基本為：經濟安全，健康問題，居住問題與需求，及休閒、教育、再就業等多個層面。提升老人的生活品質是老人照顧與福利政策的主要目

標，教育並訓練老人最主要的目標是鍛鍊其身心健康，延緩老化，可以節省醫療資源，愉悅地過晚年生活。其次的目標，老人若有能力可繼續貢獻社會，擔當志工或有酬工作、或者創業。二十一世紀社會的新貌，將是高度的都市社會化、高度的資訊社會，整個教育體制備受衝擊和挑戰，個人唯有繼續不斷的終身學習，社會必須建立學習型社會方能因應高度的資訊、知識的未來，使個人、社會、國家的潛能發揮，生活品質提升，增進社會和諧，讓我們的年長者參與，全民共同攜手邁向未來地球村的社會。

附錄

- 「教育部補助辦理家庭教育老人教育及婦女教育活動實施要點」
  請參閱教育部網站 https://reurl.cc/vD8Gj

- 「教育部補助辦理終身學習活動作業原則」
  請參閱教育部網站 https://reurl.cc/Y1nma

- 「教育部設置各鄉鎮市區樂齡學習資源中心實施計畫」
  請參閱教育部網站 https://reurl.cc/rxnkO

▌ 參考書目 ▌

一、中文書目

- 內政部（2002）。《臺閩地區老人狀況調查報告》。臺北：內政部。

- 王順民（2001）。〈宗教關懷與社區服務的比較性論述：傳統鄉村型與現代都市型的對照〉，《社區發展季刊》，第93期，頁42-58。

- 王增勇（2000）。〈加拿大長期照護的發展經驗〉，《社區發展季刊》，第92期，頁270-288。

- 行政院（2016）。《我國長期照顧十年計畫2.0》。臺北：行政院。

- 行政院衛生署、內政部、經濟建設委員會（2009）。《長期照護保險制度初步規劃成果與構想》。台北：行政院衛生署、內政部、經濟建設委員會

- 行政院經建會（2007）。《中華民國一〇〇年至一四〇年人口推估》。臺北：行政院。

- 宋麗玉（2002）。《社會工作理論——處遇模式與案例分析》。臺北：洪葉。

- 邱天助（2003）。社會老年學。台北：心理出版社。

- 范鈺楨（2003）。《老人生活滿意度之研究》，中央大學統計研究所碩士論文。

- 莊秀美（2008）。《長期照顧機構服務變遷發展之研究：單位照顧、團體家屋的實踐理念及前瞻趨勢之分析》。台北：松慧。
- 徐震（2004）。《社會工作思想與倫理》。臺北：松慧。
- 吳淑瓊（2003）。《建構長期照護體系先導計畫第三年計畫》。臺北：內政部。
- 曾華源（2003）。《社會工作理論-處遇模式與案例分析》。臺北：洪葉。
- 曾怡禎（2006）。〈銀髮產業〉。收錄於周霞麗編，《2007年銀髮產業景氣趨勢調查報告》。台北：台灣經濟研究院。
- 楊培珊（2000）。《臺北市獨居長者照顧模式之研究》。臺北市政府社會局委託專題研究報告。
- 許道然（2004）。《福利與保險》。臺北：空中大學。
- 陳惠姿（2001）。〈個案管理在社區老人長期照護之應用〉，《護理雜誌》，第48卷，第3期，頁25-32。
- 陳武雄（2001）。《志願服務理念與實務》。臺北：中華民國志願服務協會，頁154-160。
- 鄭秉文（2008）。《社會保障經濟學》。北京：法律。
- 謝穎慧（2002）服務使用對老人健康之影響——追蹤1994-2000年高雄市三民區社區老人，中正大學社會福利研究所博士論文。
- 葉至誠（2015）。《社區高齡健康促進》。臺北：秀威。

二、英文部分

- Glen O. Gabbard (2007). Psychodynamic Psychiatry in Clinical Practice. New York: Pantheon Books.

- Jurkowski, E. T. (2008). Policy and Program Planning for Older Adults: Realities and Visions. New York: Springer.

- Naleppa, M. J. (2004). 'Adult Day Care', in Mezey, M. D. et al. (eds.), The Encyclopedia of Elder Care. New York: Prometheus Books.

- Novak, M. (2006). Issues in Aging. Boston: Person Education.

- Payne, M. S. (2005). Modern Social Work Theory. New York: Palgrave Macmillan.

- Paul Krugman (2008). The Conscience of a Liberal. New York: Palgrave Macmillan.

- Thompson, N. (2000). Theory and Practice in Human Services. Philadelphia, Penn.: Open University Press.

- Yeates, N. (2005). 'A Global Political Economy of Care', Social Policy & Society, 4 (2): 227-234.

社會科學類　PF0233　長照關懷系列01

老人社會工作

作　　者 / 葉至誠
責任編輯 / 徐佑驊
內文完稿 / 莊皓云
封面設計 / 蔡瑋筠

發 行 人 / 宋政坤
法律顧問 / 毛國樑　律師
出版發行 / 秀威資訊科技股份有限公司
　　　　　114台北市內湖區瑞光路76巷65號1樓
　　　　　電話：+886-2-2796-3638　傳真：+886-2-2796-1377
　　　　　http://www.showwe.com.tw
劃撥帳號 / 19563868　戶名：秀威資訊科技股份有限公司
　　　　　讀者服務信箱：service@showwe.com.tw
展售門市 / 國家書店（松江門市）
　　　　　104台北市中山區松江路209號1樓
　　　　　電話：+886-2-2518-0207　傳真：+886-2-2518-0778
網路訂購 / 秀威網路書店：https://store.showwe.tw
　　　　　國家網路書店：https://www.govbooks.com.tw

2018年9月　BOD一版
定價：390元
版權所有　翻印必究
本書如有缺頁、破損或裝訂錯誤，請寄回更換

國家圖書館出版品預行編目

老人社會工作 / 葉至誠著. -- 一版. -- 臺北市：
秀威資訊科技, 2018.09
　　面；　　公分. -- (社會科學類；PF0233)(長
期關懷系列；1)
　　BOD版
　　ISBN 978-986-326-598-6(平裝)

　　1. 老人福利　2. 社會工作

544.85　　　　　　　　　　　　107015692

讀 者 回 函 卡

感謝您購買本書,為提升服務品質,請填妥以下資料,將讀者回函卡直接寄
回或傳真本公司,收到您的寶貴意見後,我們會收藏記錄及檢討,謝謝!
如您需要了解本公司最新出版書目、購書優惠或企劃活動,歡迎您上網查詢
或下載相關資料:http:// www.showwe.com.tw

您購買的書名:_____

出生日期:_____年_____月_____日

學歷:□高中 (含) 以下　　□大專　　□研究所 (含) 以上

職業:□製造業　□金融業　□資訊業　□軍警　□傳播業　□自由業
　　　□服務業　□公務員　□教職　　□學生　□家管　　□其它_____

購書地點:□網路書店　□實體書店　□書展　□郵購　□贈閱　□其他

您從何得知本書的消息?

　□網路書店　□實體書店　□網路搜尋　□電子報　□書訊　□雜誌
　□傳播媒體　□親友推薦　□網站推薦　□部落格　□其他_____

您對本書的評價:(請填代號　1.非常滿意　2.滿意　3.尚可　4.再改進)

　封面設計____　版面編排____　內容____　文／譯筆____　價格____

讀完書後您覺得:

　□很有收穫　□有收穫　□收穫不多　□沒收穫

對我們的建議:_____

_____

_____

_____

11466
台北市內湖區瑞光路 76 巷 65 號 1 樓

秀威資訊科技股份有限公司 收

BOD 數位出版事業部

....

（請沿線對折寄回，謝謝！）

姓　　名：＿＿＿＿＿＿＿＿＿　年齡：＿＿＿＿　性別：□女　□男

郵遞區號：□□□□□

地　　址：＿＿＿＿＿＿＿＿＿＿＿＿＿＿＿＿＿＿＿＿＿

聯絡電話：(日)＿＿＿＿＿＿＿＿＿　(夜)＿＿＿＿＿＿＿＿＿

E-mail：＿＿＿＿＿＿＿＿＿＿＿＿＿＿＿＿＿＿＿